Kauderwelsch
Band 143

# Impressum

Elfi H. M. Gilissen
**Amerikanisch – Wort für Wort**
erschienen im
REISE KNOW-HOW Verlag Peter Rump GmbH
Osnabrücker Str. 79, D-33649 Bielefeld
info@reise-know-how.de

| | |
|---|---|
| *Umschlag* | Peter Rump |
| *Layout* | Elfi H. M. Gilissen |
| *Layout-Konzept* | Günter Pawlak, FaktorZwo! Bielefeld |
| *Fotos* | Wolfram Schwieder |
| *Kartographie* | Iain Macneish |
| *Druck und Bindung* | Fuldaer Verlagsanstalt GmbH & Co. KG, Fulda |

**ISBN-10: 3-89416-512-X**
**ISBN-13: 978-3-89416-512-3**
Printed in Germany

Dieses Buch ist erhältlich in jeder Buchhandlung der BRD,
Österreichs, der Schweiz und der Benelux. Bitte informieren
Sie Ihren Buchhändler über folgende Bezugsadressen:

| | |
|---|---|
| *BRD* | Prolit GmbH, Postfach 9, 35461 Fernwald (Annerod) sowie alle Barsortimente |
| *Schweiz* | AVA-buch 2000, Postfach 27, CH-8910 Affoltern |
| *Österreich* | Mohr Morawa Buchvertrieb GmbH Sulzengasse 2, A-1230 Wien |
| *Belgien & Niederlande* | Willems Adventure, Postbus 403, NL-3140 AK Maassluis |
| *direkt* | Wer im Buchhandel kein Glück hat, bekommt unsere Bücher zuzüglich Porto- und Verpackungskosten auch direkt beim Verlag oder über unseren Internet-Shop: |

**www.reise-know-how.de**
Zu diesem Buch sind **Tonträger** (CD/Kassette) erhältlich,
ebenfalls in jeder Buchhandlung der BRD, Österreichs, der
Schweiz und der Benelux-Staaten.
Der Verlag möchte die **Reihe Kauderwelsch** weiter ausbauen
und **sucht Autoren!** Mehr Informationen finden Sie auf unse-
rer Internetseite **www.reise-know-how.de/buecher/special/**
**schreiblust-inhalt.html**

**Kauderwelsch**

Elfi H. M. Gilissen

# Amerikanisch
*Wort für Wort*

To Rosa & Alfons Gilissen,
Lynne, Allyson & Dana Gillette:
Thanx for making it possible!

REISE KNOW-HOW
im Internet
**www.reise-know-how.de**

*Aktuelle Reisetipps
und Neuigkeiten,
Ergänzungen nach
Redaktionsschluss,
Büchershop und
Sonderangebote
rund ums Reisen*

# Kauderwelsch-Sprechführer sind anders!

**W**arum? Weil sie Sie in die Lage versetzen, wirklich zu sprechen und die Leute zu verstehen.

Wie wird das gemacht? Abgesehen von dem, was jedes Sprachbuch bietet, nämlich Vokabeln, Beispielsätze etc., zeichnen sich die Bände der Kauderwelsch-Reihe durch folgende Besonderheiten aus:

Die **Grammatik** wird in einfacher Sprache so weit erklärt, dass es möglich wird, ohne viel Paukerei mit dem Sprechen zu beginnen, wenn auch nicht gerade druckreif.

Alle Beispielsätze werden doppelt ins Deutsche übertragen: zum einen **Wort-für-Wort**, zum anderen in „ordentliches" Hochdeutsch. So wird das fremde Sprachsystem sehr gut durchschaubar. Denn in einer fremden Sprache unterscheiden sich z. B. Satzbau und Ausdrucksweise recht stark vom Deutschen. Ohne diese Übersetzungsart ist es so gut wie unmöglich, schnell einzelne Wörter in einem Satz auszutauschen.

Die **Autorinnen** und **Autoren** der Reihe sind Globetrotter, die die Sprache im Land selbst gelernt haben. Sie wissen daher genau, wie und was die Leute auf der Straße sprechen. Deren Ausdrucksweise ist nämlich häufig viel einfacher und direkter als z. B. die Sprache der Literatur oder des Fernsehens.

Besonders wichtig sind im Reiseland **Körpersprache, Gesten, Zeichen** und **Verhaltensregeln**, ohne die auch Sprachkundige kaum mit Menschen in guten Kontakt kommen. In allen Bänden der Kauderwelsch-Reihe wird darum besonders auf diese Art der nonverbalen Kommunikation eingegangen.

**Kauderwelsch-Sprechführer sind keine Lehrbücher, aber viel mehr als Sprachführer!** Wenn Sie ein wenig Zeit investieren und einige Vokabeln lernen, werden Sie mit ihrer Hilfe in kürzester Zeit schon Informationen bekommen und Erfahrungen machen, die „taubstummen" Reisenden verborgen bleiben.

# Inhalt

## Grammatik

## Konversation

# Inhalt

## Vorwort

**W**ozu Amerikanisch lernen - da spricht man doch Englisch, oder?! Richtig - aber es ist doch anders als das, was man in der Schule gelernt hat. Fährt man nur nach New York, Boston oder auch San Francisco, wird man Ihr eher britisches Englisch belächelnd verstehen, je mehr Sie aber in den Süden oder ins Landesinnere vorrücken, desto weniger werden Sie verstehen können und desto weniger werden Sie verstanden werden. Amerikanisch ist eben doch anders als Englisch – vor allem die Aussprache und der Gebrauch der Wörter. Doch es gibt noch mehr Gründe, sich intensiver auf einen Besuch in Amerika vorzubereiten. In dem Land der unbegrenzten Möglichkeiten darf man sich nämlich oft weitaus weniger Freiheiten herausnehmen als in Europa. Damit Sie nicht unvorbereitet in so manches Fettnäpfchen treten, verrate ich Ihnen im Konversationsteil, wie Sie einen Kulturschock in Amerika vermeiden können. Vorurteile, wie z. B., dass alle Amerikaner oberflächlich seien oder dass es dort keine Esskultur gäbe, werde ich Ihnen auch gerne ausreden, damit Sie bei Ihrem Besuch nicht ständig am hotdog stand oder bei fast food restaurants hängen bleiben, und sich dann hinterher über das schlechte Essen in Amerika beschweren.

**Have fun!**  Elfi H. M. Gilissen

## Hinweise zur Benutzung

**D**er Kauderwelsch-Sprechführer besteht aus drei Teilen: aus Grammatik, Redesituationen und einer Wörterliste (Deutsch — Amerikanisch und Amerikanisch — Deutsch).

Der Grammatikteil fasst sich kurz, bringt Ihnen aber alle wichtigen Strukturen eines amerikanischen Satzes nahe. Jeder Satz ist Wort-für-Wort übersetzt. Diese Wort-für-Wort-Übersetzungen begleiten Sie durch das Buch und helfen Ihnen, die Satzstruktur leichter zu durchschauen und selbst andere Wörter aus den Themenfeldern im Konversationsteil einzusetzen.

| | |
|---|---|
| *Amerikanisch* | **I'd like some of this/that, please.** |
| *Lautschrift* | eidleik ßammef ðiß/ðäd plies |
| *Wort-für-Wort* | *ich'würde mögen manche von dies/das bitte* |
| *Deutsch* | Ich hätte gern etwas hiervon/davon, bitte. |

Wörter, die im amerikanischen Satz mit einem Apostroph verbunden sind, sind auch in der Wort-für-Wort-Übersetzung apostrophiert. Zwischen zwei Wörtern, die man untereinander austauschen kann, steht ein Schrägstrich /.

Im Konversationsteil finden Sie alle wichtigen Sätze aus der Alltagssprache der Amerikaner, geordnet nach Alltagssituationen die für Reisende von Bedeutung sind, sowie interessante Hintergrundinformationen über die amerikanische Kultur.

### Zahlen

*Um den Umgang mit Zahlen zu erleichtern, ist auf jeder Seite die Seitenzahl auf Amerikanisch und in Lautschrift angegeben!*

Die Lautschrift zeigt Ihnen, wie man das Amerikanische ungefähr richtig ausspricht — wie im britischen Englisch gibt es einfach unzählige Arten, den gleichen Buchstaben auszusprechen. Daher gibt es für jedes Wort und jeden Satz zusätzlich eine Lautschrift.

Die Umschlagklappe hilft, die wichtigsten Sätze und Formulierungen stets parat zu haben, die man mit den Vokabeln aus den einzelnen Kapiteln kombinieren kann. Hier finden sich außerdem schnell die wichtigsten Angaben zur Aussprache und eine kleine Liste der wichtigsten Fragewörter, Richtungs- und Maßangaben, sowie eine Karte der USA. Wer direkt nach seiner Ankunft noch Verständigungsprobleme hat, kann sich erst mal mit „Nichts verstanden? — Weiterlernen!" aus der Umschlagklappe über Wasser halten.

## Unterschiede zum Britischen

**D**ieses Kapitel hilft Ihnen, wenn Sie bereits Englisch in der Schule gelernt haben und jetzt nur noch wissen müssen, was Sie in den USA so nicht sagen können oder anders aussprechen sollten. Für die Unterschiede im Wortschatz und Wortgebrauch kann ich Ihnen keine Regeln nennen — die müssen Sie sich einfach merken, aber was die Schreibweise anbelangt, so kann man sogar ein paar Regeln für die Unterschiede nennen:

## Schreibweisen

| | Amerikanisch | Britisch |
|---|---|---|
| -or *statt* -our | color, favorite | colour, favourite |
| -ll *statt* -l *(betont)* | fulfill, skillful | fulfil, skilful |
| -l *statt* -ll *(unbetont)* | traveled, equaled | travelled, equalled |
| -og *statt* -ogue | catalog, dialog | catalogue, dialogue |
| -ck/-k *statt* -que | bank, check | banque, cheque |
| -ense *statt* -ence | defense, license | defence, licence |
| -ze *statt* -se | analyze, memorize | analyse, memorise |
| -er *statt* -re | center, theater | centre, theatre |
| -e *statt* -oe/-ae | encyclopedia | encyclopaedia |
| | maneuver | manoeuvre |
| *ohne Wortstamm-*e | argument | arguement |
| (argue, judge) *statt mit* | judgment | judgement |

Darüber hinaus gibt es einige, deren Regeln nicht so einfach zusammenzufassen sind.

| | |
|---|---|
| jewelry, specialty | jewellery, speciality |
| pajamas, tire | pyjamas, tyre |
| program | programme |
| donut, thru | doughnut, through |
| lite, nite | light, night |

Für die Unterschiede bei der Bildung des Partizip Perfekts im Amerikanischen gibt es drei wichtige Kategorien:

| Grundform | Amerikanisch | Britisch |
|---|---|---|
| -ed *statt* -t | learn | learned | learnt |
| *Grundform statt* -ed | wed | wed | wedded |
| *unregelmäßig statt* -ed | light | lit | lighted |

## Wortgebrauch

Hier sehen Sie ein paar typische Unterschiede
im Wortgebrauch zwischen Amerikanern und
Briten.

| Deutsch | Amerikanisch | Britisch |
|---------|--------------|----------|
| Wohnung | **apartment** | **flat** |
| Pflaster | **band-aid** | **plaster** |
| Toilette | **bathroom** | **toilet** |
| Windel | **diaper** | **napkin** |
| Radiergummi | **eraser** | **rubber** |
| Taschenlampe | **flashlight** | **torch** |
| Pudding | **jello** | **jelly** |
| Ferien | **vacation** | **holiday** |

*Bedeutung des
britischen Wortes für
den Amerikaner:
flach
gipsen
Toilette, aber unhöflich
Serviette
Kondom
Fackel
Marmelade
Feiertag*

## Aussprache

Bei diesen Beispielen ist zwar die Schreibweise gleich, aber die Aussprache anders.

| | Amerikanisch | Britisch |
|---|--------------|----------|
| **advertisement** | ädwörteismen | ädvörtißment |
| **secretary** | ßäkretäriej | ßäkretrie |
| **tomato** | tomäjdow | tomatoh |
| **recess** | rießeß | rießeß |
| **writer** | reider | reite |
| **morning** | mornin | morning |
| **herb** | örb | hörb |
| **new** | nu | nju |
| **privacy** | preivesie | privesie |
| **fillet** | filläj | fillit |
| **schedule** | ßkädjell | schädjell |

*m, n, und ng werden
im Amerikanischen
richtig schön nasal
gesprochen, im
Britschen nicht.*

## Die Dialekte in den USA

**W**enn man sich die Größe der USA mit 9.629.091 km² und 270 Millionen Einwohnern anschaut, kann man sich vorstellen, dass die Bewohner unmöglich eine homogene Sprache sprechen können. Die turbulente Geschichte Amerikas hinterließ in jedem Teil des Landes ihre deutlichen Spuren auch im sprachlichen Bereich — im Nordosten ließen sich die ersten aus Europa Flüchtenden nieder — vorwiegend Briten, Niederländer, aber auch Deutsche, Dänen, Schweden — eher konservative Völker, die sich ein zweites, besseres Europa in Amerika aufbauen wollten, nicht umsonst heißen die Bundesstaaten des Nordostens „Neu England", und die hier gesprochene Sprache ist dem Britischen am ähnlichsten. Mit der Entwicklung der Industrie im Norden, dem Land der Yankees, breitete sich der Dialekt der Nordstaatler zwischen Kanada, dem Mittleren Westen und nach Süden bis zur ehemaligen Grenze der Südstaaten aus.

*Northern*
*norðern*
*Nord-*

Das industrielle Herz Amerikas an den Großen Seen mit einem hohen afro-amerikanischen Bevölkerungsanteil darin eingeschlossen — sie waren aber keine Sklaven, sondern freie Bürger — Arbeiter in den Fabriken der nordamerikanischen Yankees.

*Midland*
*midländ*
*Mittel-Land,*
*zwischen Nord- und*
*Südosten*

Das Gegenstück in the Good Ol' South ðe guhd owl ßauwð — dem guten alten Süden — wurde von Franzosen regiert, die aus Afrika

*Southern*
*ßaðern*
*Süd-*

entführte, gekaufte schwarze Sklaven zur Arbeit auf den Baumwollfeldern einsetzten. Hier liegt die Wurzel der Apartheid. Das afrikanisch-französische Gemisch hat hier am deutlichsten seine Spuren im amerikanischen Dialekt hinterlassen. Weißbrot nennt man hier light bread leitbräd (ist aber nicht kalorienarm), lightwood leitwud ist das, was man eigentlich kindling kindlin (Feuerholz) nennt, und low low ist für die Südstaatler das Muhen der Kuh. Man nutzt das „r" in einer Endsilbe, wie in car ka (Wagen), card kahd (Karte), beer bie (Bier), board bowd (Brett), zur Verlängerung des davor stehenden Selbstlautes. Statt „ng" am Wortende hört man nach dem „n" auf, wie in workin' wökin (arbeiten), fishin' fischin (fischen), mornin' mownin (morgen), nothin' naðin (nichts). Das „i" wird einfach wie das „e" ausgesprochen, und man kann Worte wie in pin — pen pän (Anstecknadel — Kugelschreiber), him — hem häm (ihm/ihn — Räuspern), since — sense ßänß (seit — Sinn) nur noch durch den Kontext auseinander halten.

Der trockene mittlere Westen, östlich von den Rocky Mountains, von der mexikanischen bis zur kanadischen Grenze, ist geprägt von der Goldgräberzeit, der Vertreibung der Indianer von ihrem eigenen Land, den geflüchteten religiösen Gruppen, der Nähe zu Mexiko und dem Erdöl. Der kulturelle Hintergrund dieser Siedler war sehr unterschiedlich, die Sprachen, die sie mitbrachten, noch mehr. Hier kommt der echte Cowboy her, der

Western
wäßtern
*West-*

Farmer, der mit breitem Akzent spricht, als habe er immer ein Kaugummi zwischen den Zähnen. Das amerikanische „r" wird nirgends so sehr in die Länge gezogen wie hier. Die Westküste, das Tor zum Gold, jagte immer neuen Träumen nach – als Traumfabrik Hollywood und seit den 60er Jahren als Ursprung alternativer, gesellschaftskritischer Bewegungen im weißen Amerika: Hippies, Emanzipation, Gay-Pride. New York brachte hingegen eher die schwarzen gesellschaftskritischen Bewegungen hervor. Hier leben heute diejenigen, denen Neu England zu spießig geworden war und die ihr Glück in den Weinbergen, der Filmindustrie oder der Computerbranche suchen wollten. Das an der Küste gesprochene Amerikanisch ist nicht ganz so extrem wie das im Mittleren Westen.

Wenn Sie die extremeren Dialekte einmal so richtig heraushören möchten, ohne in die USA zu fahren, kann ich Ihnen folgende Filme im englischen Original empfehlen:

**Steel Magnolias**, von Herbert Ross, mit Julia Roberts, Olympia Dukakis, Dolly Parton, Shirley MacLaine, Sally Field and Daryl Hannah. Einer der besten Filme, um den zeitgenössischen Dialekt des Grand Old South kennzulernen.

**Fargo**, von Ethan & Joel Coen, mit Steve Buscemi und Frances McDormand. Ein unterhaltsames Beispiel für den nördlichen Western-Dialekt.

# Aussprache & Betonung

**B**ritisches Englisch ist schon kompliziert genug, leider ist das Amerikanische auch nicht einfacher. Daher sollten Sie sich die Ausspracheliste gründlich anschauen.

Damit es richtig Amerikanisch klingt, müssen Sie mehrere Worte in einem Satz als ein Wort sprechen und das Ganze am besten mit einem Kaugummi im Mund. Wenn Sie den Satz „I am going to see if he is going to the game; if he is, I am going to go with him." so aussprechen „eim ganne ßiej ifies goine ðe gäjm, iffiejis, eim ganne gow wiðimm." machen Sie es richtig! In der Lautschrift für Sätze sind daher oft mehrere Worte zusammengezogen. Wo die Laute auf keinen Fall zusammengezogen werden sollten, finden Sie einen trennenden Längsstrich: variation  väri | äjschn.

## Das amerikanische Alphabet

| | | | | | |
|---|---|---|---|---|---|
| **a** | äj | **j** | dchäj | **s** | äß |
| **b** | bie | **k** | käj | **t** | tie |
| **c** | ßie | **l** | äl | **u** | juw |
| **d** | die | **m** | äm | **v** | wie |
| **e** | ie | **n** | än | **w** | dabljuw |
| **f** | äf | **o** | ow | **x** | äkß |
| **g** | dschie | **p** | pie | **y** | weij |
| **h** | äjtsch | **q** | kjuw | **z** | szie |
| **i** | eij | **r** | ar | | |

| Mitlaute (Konsonanten) | |
|---|---|
| ß | stimmlos wie in „Gla**s**"<br>**ra**c**e** (Wettrennen), **s**weet (süß),<br>pret**z**el (Brezel)<br>bei st, sp, sch kein dt. „scht, schp, sch"! |
| ßt | **st**udent ßtuwdent (Student) |
| ßp | **sp**orts ßportß (Sport) |
| ßk | **sch**ool (Schule) |
| s | stimmhaftes wie in „**S**aft"<br>**s**ize (Größe), **sc**i**ss**ors (Schere),<br>movie**s** (Kino), e**x**ample (Beispiel) |
| sch | wie in „**Sch**uh"<br>**sh**ine (scheinen), **s**ure (ok, ja)<br>ma**ch**ine (Maschine), o**c**ean (Ozean) |
| tsch | wie in „Ma**tsch**"<br>mu**ch** (viel), ma**tch** (Spiel) |
| dsch | j immer; g vor e, i wie „**Dsch**ungel".<br>**G**erman (Deutsch), **j**eans (Jeans),<br>bri**dg**e (Brücke), a**dj**ective (Adjektiv) |
| j | wie in „**J**ahr". Ein „j" wird manchmal<br>vor einem u-Laut eingeschoben<br>**y**ear (Jahr), **n**i**ght** (Nacht),<br>few fjuw (wenig), **u**se juhs (gebrauchen),<br>**fu**el fjuhl (Benzin), **s**ign ßeijn (Schild) |
| k | c am Anfang; q wie in „**K**ultur".<br>**c**ash (bar), fu**ck** (Mist!), **ch**aos (Chaos)<br>li**qu**or (Alkoholisches), a**cc**ount (Konto) |
| r | ein langes, breites Kaugummi-„r"<br>ca**r** (Auto), fi**r**st (erste) |
| d | t wird oft „d" gesprochen; nach r immer<br>for**t**y (vierzig) |
| ð | das berühmte „tie-äjtsch"<br>**th**anks (danke) |

*Meist wird das g wie im deutschen „Glas" ausgesprochen.*

*Das m, n und ng schön lang ziehen und durch die Nase sprechen!*

### Selbstlaute (Vokale)

| | |
|---|---|
| a | wie in „V**a**ter" oder „k**a**nn"<br>**f**a**ther** (Vater), **c**ou**ntry** (Land),<br>**m**u**st** (müssen), **ab**o**ve** (über) |
| ä | wie in „M**ä**rchen", aber langziehen!<br>**qu**e**stion** (Frage), **e**gg** (Ei),<br>**fr**ie**nd** (Freund), **a**nd** (und) |
| äj | wie in „H**ey**!", aber schön langziehen!<br>**b**a**seball** (Baseball), **M**ay** (Mai)<br>**st**ea**k** (Steak), **m**ai**n** (Haupt-) |
| auw | wie in „M**au**s"<br>**with**ou**t** (ohne), **h**ow** (wie) |
| e | kurz wie in „bitt**e**"<br>**ab**ou**t** (über), **butt**e**r** (Butter)<br>**rent**a**l** (Vermietung) |
| ei(j) | wie in „**Ei**"<br>**g**ui**de** (Führer), **h**ei**ght** (Höhe),<br>**b**y**e** (Tschüss), **ai**sle** (Gang),<br>**b**uy** (kaufen), **l**ie** (Lüge), |
| i | kurz wie in „b**i**tte"<br>**for**ei**gn** (ausländisch), **w**o**men** (Frauen),<br>**b**u**sy** (beschäftigt), **b**ee**n** (war),<br>**b**i**t** (bisschen) |
| ie(j) | längeres „i" als in „B**ie**r"<br>**b**ee**r** (Bier), **b**e** (sein), **y**ea**r** (Jahr),<br>**rec**ei**ve** (bekommen), **tw**e**nty** (zwanzig),<br>**p**eo**ple** (Menschen), **th**ie**f** (Dieb) |
| o | wie in „m**o**rgen"; oft vor -ll<br>**b**a**ll** (Ball), **br**oa**d** (weit), **s**o**ft** (weich)<br>**A**u**stralia** (Australien) |
| oi | wie in „Ah**oi**"<br>**ch**oi**ce** (Wahl), **b**oy** (Junge),<br>**law**ye**r** (Anwalt) |

*Ein ganz normales a, e, i, o und u gibt es aber auch im Amerikanischen*

| ow | wie in „Pank**ow**", endet mit „w"-Laut |
| | **over** (über), **grow** (wachsen) |
| | **sew** (nähen), **though** (obwohl) |
| ö | meist vor „r" wie in „**ö**ffnen" |
| | f**ir**st (erst), **earn** (verdienen) |
| | b**ur**n (brennen), **wor**ld (Welt) |
| u | kurzes „u" wie in „B**u**s" |
| | f**oo**t (Fuß), p**u**ll (ziehen), |
| | c**ou**ld (könnte), w**o**man (Frau) |
| uh | langes „u" wie in „K**uh**", manchmal |
| (uw) | als „w" endend |
| | **too** (auch), **blue** (blau), **do** (tun), |
| | **you** (du), cr**ew** (Mannschaft) |

**Kauderwelsch-AusspracheTrainer**

*Falls Sie sich die wichtigsten amerikanischen Sätze, die in diesem Buch vorkommen, einmal von einem Amerikaner gesprochen anhören möchten, kann Ihnen Ihre Buchhandlung den AusspracheTrainer zu diesem Buch besorgen. Sie bekommen ihn auch über unseren Internetshop www.reise-know-how.de Alle Sätze, die Sie auf dem Kauderwelsch-AusspracheTrainer hören können, sind in diesem Buch mit einem 🔊 gekennzeichnet.*

Es wurden nur die Laute vorgestellt, die anders als bei uns ausgesprochen werden. Ein „e" am Wortende wird übrigens fast nie gesprochen, culture kaltscher (Kultur), date däjt (Datum). Die Endung -tion, -sion, -chion wird immer zu schen, z.B. in nation näjschen (Nation). Wer jetzt nicht mehr durchblickt, dem sei verziehen. Es ist wirklich ein verflixtes Durcheinander, wann man im Amerikanischen welchen Buchstaben wie ausspricht. Ein und dasselbe Wort kann mehrere Aussprachen haben. Wenn man den Amerikanern eine Weile zuhört, ist es aber gar nicht mehr so schwer!

## Wörter, die weiterhelfen

**D**ie absoluten Grundbegriffe sind natürlich „ja" und „nein". Diese zwei kleinen Wörtchen spricht jeder überall ein wenig anders aus: yes/yeah = jäß, jäe, ja, japp und no = now, nowp, naa. Wer präziser werden möchte, sagt:

| | | |
|---|---|---|
| **(for) sure** | (for) schur | Sicher! |
| **you bet** | juw bäd | Na klar! |
| **great** | gräjt | Super! |
| **awesome** | owßamm | Klasse! |
| **ok** | owkäj | Okay. |
| **no way** | now wäj | Auf keinen Fall! |
| **forget it** | forgädid | Vergiss es! |
| **really** | rieliej | Wirklich? |
| **maybe** | mäjbiej | Vielleicht. |
| **whatever** | wodäver | Wie auch immer. |
| **let me see** | lämie ßie | Mal schauen! |
| **hold on** | howldonn | Moment! |

*no way bedeutet auch ein ungläubiges „Wirklich?"*

Immer wenn Sie jemanden unvermittelt ansprechen wollen, sollten Sie mit „Entschuldigung" anfangen: Excuse me, ... ikßkjuwsmiej.

**Excuse me, could you help me, please?**
ikßkjuwsmiej kudje hälbmie plies
*entschuldige mich könnte du helfen mir bitte*
Entschuldigung, können Sie mir bitte helfen?

„Bitte" verwendet man im Amerikanischen viel häufiger als bei uns, aber please plies kann

man nur sagen, wenn es sich um eine Bitte handelt. Je nachdem verwendet man sonst:

*you're welcome ist die Antwort auf „Danke".*

**You're welcome.**
jer wällkamm
*du'bist willkommen*
Bitte, gern geschehen.

*here you are sagt die Kellnerin oder Verkäuferin, wenn sie das Gefragte bringt.*

**Here you are.**
hier jaar
*hier du bist*
Hier, bitte. (Etwas Bestelltes oder Erbetenes)

**Huh? What did you say?**
he? wad didje ßäj
*hä? was tatest du sagen*
Wie bitte?

Und bedanken kann man sich mit ein paar Varianten von „Danke":

**Thank you. / Thanks. / Thanx.**
ðängkju / ðängkß / ðängkß
*danke dir/ danke / danke*
Danke.

**Thanks a lot. / Thank you very much.**
ðängßelad / ðängkju väriej matsch
*danke ein Menge. danke dir sehr viel*
Vielen Dank.

Hier die wichtigsten Sätze auf einen Blick, die Sie gleich bei Ankunft brauchen können:

| **I'm looking for ...** | **Excuse me, where's ...?** |
|---|---|
| eim lukin for | ikßkjuwsmiej wärs |
| *ich'bin schauend für* | *entschuldige mich wo ist* |
| Ich suche ... | Wo ist ..., bitte? |

*Einfach den gewünschten Artikel voranstellen:*
the ðe *der/die/das*
a e *ein(e,r)*
this ðiß *dies*
that ðäd *jenes*

| **restroom** | räßtruwm | Toilette |
|---|---|---|
| **address** | ädreß | Adresse |
| **hotel** | howtäll | Hotel |
| **diner** | deiner | Restaurant |
| **bank** | bängk | Bank |
| **hospital** | hoßpidel | Krankenhaus |
| **police** | palies | Polizei |
| **gas station** | gäß ßtäjschen | Tankstelle |
| **cab** | käb | Taxi |
| **train station** | träjn ßtäschen | Bahnhof |
| **bus terminal** | baß törminell | Busbahnhof |
| **subway** | ßabbwäj | U-Bahn |

| **I need ...** | **Do you have ...** |
|---|---|
| eij nied | dje häv |
| *ich brauche* | *tust du haben* |
| Ich bräuchte ... | Haben Sie ...? |

| **some water** | ßamm woder | etwas Wasser |
|---|---|---|
| **coffee** | koffiej | Kaffee |
| **tea** | tiej | Tee |
| **sandwiches** | ßännwidschs | belegte Brote |
| **cigarettes** | ßiggerätß | Zigaretten |
| **lighter** | leider | Feuerzeug |
| **tissue** | tischuw | Taschentuch |
| **help** | hällp | Hilfe |

## Hauptwort, Artikel & Fürwörter

**H**auptwörter (Substantive) haben im Amerikanischen kein Geschlecht und alle haben denselben bestimmten Artikel the ðe und unbestimmten Artikel a e bzw. an en; das -n wird nur angehängt, wenn das darauf folgende Hauptwort mit einem Selbstlaut beginnt.

Ebenso einfach ist es mit den hinweisenden Fürwörtern (Demonstrativpronomen). Will man deutlich machen, dass es sich um dieses oder jenes handelt, nimmt man this und that, in der Mehrzahl these und those.

*Am wichtigsten ist, dass Sie sich den Gebrauch des bestimmten Artikels weitgehend verkneifen, denn den verwendet man eher nur bei festen Wendungen: the USA, the Pacific, the Rockies.*

**this place, that hotel, these boys, those cars**
ðiß pläjß, ðádowtäll, ðies bois, ðows kars
dieser Ort, jenes Hotel, diese Jungs, jene Autos

Auch die Mehrzahlbildung (Plural) ist keine Schwierigkeit, man hängt einfach ein -s an das Hauptwort, bzw. -es, wenn das Hauptwort auf -s, -sh, -ch, -x oder -z endet. Auf -f oder -fe endende Wörter verändern sich oft zu -ves.

| | | |
|---|---|---|
| Gebiet | **an/the area** | **areas** |
| | en/ðie ärieja | äriejas |
| Bus | **a/the bus** | **buses** |
| | e/ðe baß | baßeß |
| Gericht | **a/the dish** | **dishes** |
| | e/ðe disch | discheß |
| Messer | **a/the knife** | **knives** |
| | e/ðe neif | neivs |

Bei einem Mitlaut + -y wird aus dem -y ein -ies.
Aber nicht, wenn ein Selbstlaut davor steht!

| Dame | **a/the lady** | **ladies** |
|---|---|---|
| | e/ðe läjdiej | läjdies |

Es gibt nur wenige Ausnahmen, wie Haupt-
wörter, ...
..., die gar keine Mehrzahlform haben.
..., deren Mehr- und Einzahl identisch sind:
**fish** fisch (Fisch/e); **deer** dier (Reh/e)
..., die keine Einzahl-, sondern nur eine Mehrzahlform haben: **glasses** gläßeß (Brille);
**pants** päntß (Hose)
..., und solche, die einfach unregelmäßig sind:

*Ausnahmen bei der
Mehrzahlbildung
sind in der
Wortliste am Ende des
Buches entsprechend
gekennzeichnet.*

| Frau | **a/the woman** | **women** |
|---|---|---|
| | e/ðe wummen | wimmen |
| Fuß | **a/the foot** | **feet** |
| | e/ðe fut | fiet |
| Kind | **a/the child** | **children** |
| | e/ðe tscheild | tschilldren |
| Person | **a/the person** | **people** |
| | e/ðe pörsen | piepl |

Für den besitzanzeigenden Artikel „der/des"
hängt man im Amerikanischen ein 's an den
„Besitzer". Wenn der „Besitzer" auf ein -s, -z
oder -ce endet, oft nur ein Apostroph.

| **the club's entrance** | ðe klabbs intrenß | *der Eingang des Klubs* |
|---|---|---|
| **children's books** | tschilldrens bukß | *Kinderbücher* |
| **Chris' house** | kriß hauwß | *Chris (sein) Haus* |

## persönliche & besitzanzeigende Fürwörter

| | Wer? | Wessen? | Wem/Wen? | Reflexiv |
|---|---|---|---|---|
| *ich, mein(s),* | **I** | **my (mine)** | **me** | **myself** |
| *mir/mich, mich* | ei | meij (meijn) | miej | meijßälff |
| *du, dein(s), dir/dich,* | **you** | **your(-s)** | **you** | **yourself** |
| *dich* | juh | jer(s) | juh | jerßälff |
| *er, sein(s), ihm/ihn,* | **he** | **his** | **him** | **himself** |
| *sich* | hie | his | himm | himmßälff |
| *sie, ihr(s), ihr/ihr, sich* | **she** | **her(-s)** | **her** | **herself** |
| | schie | hör(s) | hör | hörßälff |
| *es, sein, sein/sein, sich* | **it** | **its** | **it** | **itself** |
| | it | itß | it | itßälff |
| *wir, unser(s),* | **we** | **our(-s)** | **us** | **ourselves** |
| *unser/unser, uns* | wie | auwer(s) | aß | auwerßälvs |
| *ihr, euer, euch/euer,* | **you** | **your(-s)** | **you** | **yourselves** |
| *euch* | juh | jer(s) | juh | jerßälvs |
| *sie, ihr, ihnen/ihnen,* | **they** | **their(-s)** | **them** | **themselves** |
| *ihnen* | ðäj | ðär(s) | ðämm | ðämmßälvs |

**He's bought a gift for her and himself.**
hies bowde gifft forer änn himmßälff
*er'hat gekauft ein Geschenk für sie und sich-selbst*
Er hat sich und ihr ein Geschenk gekauft.

*Groß oder klein* Der Satzanfang, Überschriften, Eigennamen,
*schreiben?* Wochentage, Feiertage, Monate und das per-
sönliche Fürwort (Personalpronomen) I   ei
(ich) werden immer groß geschrieben. Sonst
wird alles klein geschrieben.

Im Amerikanischen siezt man eigentlich
nicht, dennoch entspricht you auch dem deutschen „Sie"/„Ihr", aber auch: „man"!

**When hiking you should be careful.**
wänn heikin je schedbie kärfoll
*wenn wandernd du solltest sein vorsichtig*
Man/du/Sie sollte/-st/-n vorsichtig sein beim
Wandern.

## Eigenschafts- & Umstandswörter

**K**ombinieren Sie einfach ein Eigenschafts- *Das Eigenschaftswort*
wort (Adjektiv) oder Fürwort (Pronomen) mit *wird nicht gebeugt,*
dem einfachsten Tätigkeitswort (Verb) to be *sondern bleibt immer*
„sein". Schon haben Sie einen Satz: *gleich!*

**This is mine.**          **The bag is empty.**
ðißiß mein               ðe bägisämmtiej
*das ist meins*            *die Tasche ist leer*
Das gehört mir.           Die Tasche ist leer.

**Steigern**

Wichtige Eigenschaftswörter finden Sie in
den passenden Konversationskapiteln oder
natürlich in der Wortliste. So können Sie Eigenschaftswörter steigern:

| **small** | **smaller** | **smallest** | |
|---|---|---|---|
| ßmol | ßmoler | ßmoleßt | *klein, kleiner, kleinste* |
| **big** | **bigger** | **biggest** | |
| bigg | bigger | biggeßt | *groß, größer, größte* |
| **expensive** | **more expensive** | **most expensive** | |
| ikßpennßiv | morikßpännßiv | mowßt ikßpännßiv | *teuer, teurer, teuerste* |

Alle regelmäßigen Eigenschaftswörter, die aus weniger als drei Silben bestehen, steigert man, indem man -er bzw. -est anhängt. Besteht es aus drei oder mehr Silben, steigert man durch voranstellen von more mor und most mowßt:

**It's the best and our most expensive room.**
itß ðe bäßt ännauwer mowßt ikßpännsiv ruhm
*es'ist das beste und unser meist teuer Zimmer*
Es ist unser bestes und teuerstes Zimmer.

Einige wichtige Ausnahmen:

| viel | | gut | |
|---|---|---|---|
| **a lot/many** | elett/männi | **good** | gudd |
| **more** | mor | **better** | bädder |
| **most** | mowßt | **best** | bäßt |

| weit | | schlecht | | wenig | |
|---|---|---|---|---|---|
| **far** | fahr | **bad** | bäd | **little** | liddl |
| **further** | förðer | **worse** | wörß | **less** | läß |
| **furthest** | förðeßt | **worst** | wörßt | **least** | ließt |

## Vergleich

Will man Dinge vergleichen, sollte man sich
*just as* die Wörtchen „als" than ðän und „wie" as äs
dschaßtäs einprägen:
*genauso wie*

**Their room is different than ours.**
*as ... as* ðär ruhmß diffrent ðännauwers
*äs ... äs* *ihr Zimmer ist verschieden als unseres*
*so ... wie* Ihr Zimmer ist anders als unseres.

**This is just as tiny as I thought.**
ðißiß dschaßtäs teijniej äsei ðowt
*dies ist genau so winzig so ich dachte*
Das ist genauso winzig, wie ich es mir
vorgestellt habe.

**There're just as many people as yesterday.**
ðärr dschaßtäs männie piepl äs jäßterdäj
*da sind genau so viele Leute so gestern*
Es sind genauso viele Leute da wie gestern.

## Intensität

Wie man im Deutschen, kann man die Inten-
sität von Farben durch Voranstellen von
„hell" light leit oder „dunkel" dark dark genauer beschreiben. Und wenn man sich nicht sicher ist, welcher Farbton es genau ist, hängt
man -ish isch an.

*In der Umgangssprache*
*hängt man* -ish isch
*auch an andere*
*Eigenschaftswörter, um*
*etwas Ungefähres zum*
*Ausdruck zu bringen,*
*z.B. von* seven:
sevenish
ßävenisch
*um sieben herum*

| **green** | **greenish** | **light green** | **dark green** |
|-----------|--------------|-----------------|----------------|
| grien | grienisch | leitgrien | darkgrien |
| grün | grünlich | hellgrün | dunkelgrün |

## Umstandswörter

Umstandswörter (Adverbien) sind oft einfach
zu erkennen an ihrer Endung -ly (rarely rärliej
*selten*). Der Wortstamm ist immer ein Eigen-
schafts- oder Hauptwort, und man stellt sie
vor das näher zu beschreibende Wort:

probably probbebliej
*möglicherweise*

recently rießentliej
*neulich*

*Unregelmäßig:* **I mostly don't get homesick.**
good gudd *gut* ei mowßtliej downged howmßik
= well wäll. *ich meistens mache-n'icht bekommen Heimweh*
Ich bekomme meistens kein Heimweh.

*Feststehend:* **I feel extremely tired.**
always ollwäjs *immer* eifiel ikßtriemliej teird
never nävver *nie* *ich fühle extrem müde*
sometimes ßammteims Ich bin ziemlich müde.
*manchmal*
often owffn *oft* **Long-distance flights are often delayed.**
long dißtenß fleijtß arowffn dieläjd
*lang-Strecke Flüge sind oft verspätet*
also ollsow *auch* Langstreckenflüge haben häufig Verspätung.

**Do you always eat out?**
only ownliej *nur* dje ollwäjs iedauwt
*machst du immer essen aus*
Isst du immer außer Haus?

again egänn *nochmal* **I'd like to go to that bar again.**
eidleikte gowte ðäd bar egänn
*ich'würde mögen zu gehen zu jene Bar nochmal*
Ich würde gerne nochmal in jene Bar gehen.

just dschaßt *nur* **I just want to have a look.**
ei dschaßt wonne häve lukk
*ich nur möchte zu haben einen Blick*
Ich will mich nur mal umsehen.

so sow *so* **We only have a vacant suite.**
wie ownliej häve väjkent ßwiet
*wir nur haben ein frei Luxuszimmer*
Wir haben nur noch eine Suite frei.

Sein, Haben & Tun

## Sein, Haben & Tun

**A**n den drei Hilfswörtchen „sein" = to be, „haben" = to have und „tun" = to do führt kein Weg vorbei. Man braucht sie, um einfachste Sätze zu bilden, Tätigkeitswörter zu verneinen, sowie zur Bildung von Vergangenheit, Verlaufsform und vollendeter Gegenwart! Sie sind unregelmäßig, also auswendig lernen!

### sein

*Die Langformen:*

| | | | |
|---|---|---|---|
| **I'm** | eim | ich bin | I am |
| **you're** | jer | du bist | you are |
| **he's/that's** | hies/ðädß | er/das ist | he/that is |
| **we're** | wier | wir sind | we are |
| **you're** | jer | ihr seid | you are |
| **they're** | ðäjr | sie sind | they are |

| **They're open.** | **That's great!** |
|---|---|
| ðäjr owpen | ðädß gräjt |
| *sie'sind offen* | *das'ist toll* |
| Sie haben geöffnet. | Super! |

Die verneinten Formen bildet man mit not (nicht) oder abgekürzt zu -n't:

| | | | |
|---|---|---|---|
| **I ain't** | eijäjnt | **I'm not** | eim not |
| **you aren't** | ju \| arnd | **you're not** | jer not |
| **he isn't** | hie \| isnd | **he's not** | hies not |

## Sein, Haben, Tun

There ain't no bus today.
*ðär äjnt now baß tedäj*
*dort ist-n'icht*
*nein Bus heute*
Heute kommt
kein Bus.

Entsprechend kann man das auch auf we, they, these, those & she, it, that, this anwenden, aber bei these, those, this verwendet man nur die -n't -Form, die ohnehin am meisten verwendet wird. Die Form ain't wird in der Umgangssprache, besonders der der Afro-Amerikaner, für alle Personen verwendet.

| haben | | | |
|---|---|---|---|
| *Langform:* | | | |
| I have | **I've** | eiv | ich habe |
| you have | **you've** | juhv | du hast |
| he has | **he's** | hies | er hat |
| we have | **we've** | wiev | wir haben |
| you have | **you've** | juhv | ihr habt |
| they have | **they've** | ðäjv | sie haben |

Die verneinten Formen bildet man mit not (nicht) oder abgekürzt zu -n't: have = haven't, has = hasn't. Auch hier bevorzugt man die Kurzform mit -n't.

| tun | | | |
|---|---|---|---|

Wohl die interessanteste der drei Formen, weil wir diese im Deutschen nicht haben.

| *verneinte Form:* | | | |
|---|---|---|---|
| I don't | **I do** | ei duh | ich tue |
| you don't | **you do** | juh duh | du tust |
| he doesn't | **he does** | hie das | er tut |
| we don't | **we do** | wie duh | wir tun |
| you don't | **you do** | juh duh | ihr tut |
| they don't | **they do** | ðäj duh | sie tun |

Mit der verneinten Form von do kann man jedes Tätigkeitswort verneinen. Die verneinten Formen bildet man mit not (nicht) oder abgekürzt zu -n't.

### I don't like this!
ei downt leik ðiß
*ich tun-n'icht mögen dies*
Das finde ich nicht schön!

### I don't know where that hotel is.
ei denow wär ðäd howtällis
*ich tun-n'icht wissen wo jenes Hotel ist*
Ich weiß nicht, wo das Hotel ist.

Man braucht dieses Hilfswort aber auch zum Formulieren einer Frage, wenn man kein Fragewort (wer, was,...) verwendet.

### Do you sell any quilts?
dje ßäll ännie kwiltß
*tust du verkaufen irgendwelche Steppdecken*
Verkaufen Sie auch Steppdecken?

In Aussagesätzen verwendet man do gerne, wenn die Aussage des darauf folgenden Tätigkeitswortes unterstrichen werden soll:

### They do have many national parks in the US.
ðäj duh häv männie näschnel parkß inðe juh | äß
*sie tun haben viele National Parks in den USA*
Sie haben viele Nationalparks in den USA.

## Tätigkeitswörter & Zeiten

**Z**um Glück ist die Beugung der Tätigkeitswörter (Verben) im Amerikanischen sehr übersichtlich. Wie man sie verneint und bestimmte Zeiten bildet, unterscheidet sich jedoch stark vom Deutschen — daher aufgepasst!

### Gegenwart

*Die Regeln für die Bildung der 3. Person sind genau wie bei der Mehrzahlbildung von Hauptwörtern!*

Fast alle Personen haben immer die gleiche Form — die Grundform! Nur bei der *er-sie-es*-Form hängt man ein -s an. Endet die Grundform jedoch auf -ss, -ch, -sh oder einen Selbstlaut, wird -es angehängt. Endet ein Tätigkeitswort auf einen Mitlaut+y, verändert sich die Endung zu einem -ies.

**I buy, you pass, we wish, you fly, they go**
eijbei, juh päß, wie wisch, juh fleij, ðäj gow
*ich kaufe, du reichst, wir wünschen,*
*ihr fliegt, sie gehen*

**he/she/it buys, passes, wishes, flies, goes**
hie/schie/it beijs, päßeß, wisches, fleijs, gows
*er/sie/es kauft, reicht, wünscht, fliegt, geht*

**The store usually opens at 9 am.**
ðe ßtowr juscheliej owpens ätt nein äj | äm
*der Laden normalerweise öffnet um 9 Vormittag*
Der Laden macht normal um 9 Uhr auf.

**She lives in New York.**
schlivs in nujork
*sie lebt in New York*
Sie wohnt in New York.

Zur Verneinung stellt man die entsprechende verneinte Form des Hilfswortes do vor das Tätigkeitswort (in seiner Grundform!):

**They don't stay in this hotel.**
ðäj downßtäj in ðiß howtäll
*sie tun-n'icht bleiben in dies Hotel*
Sie wohnen nicht in diesem Hotel.

**The TV doesn't work.**
ðe tie | viej dasnd wörk
*der Fernseher tut-n'icht arbeiten*
Der Fernseher funktioniert nicht.

## Verlaufsform

Diese Form verwenden wir nicht, aber Amerikaner verwenden sie, wann immer sie mitten in einer Handlung stecken, die noch ein wenig andauern wird, sich also im Verlauf befindet. Man bildet sie mit der gebeugten Form von be + Tätigkeitswort + Endung -ing. Falls das Tätigkeitswort auf -e endet, wird das e gestrichen.

*Die wichtigsten Verlaufsformen:*

to be = being
to have = having
to do = doing

**While I was traveling in the US, ...**
weilei wos trävlin inðe ju | äß
*während ich war reisend in den USA*
Während ich in den USA reiste, ....

*Das Wörtchen* while *verlangt immer nach der Verlaufsform.*

**She's studying for her final exam.**
schies ßtaddiejin forör feinel iksäm
*sie'ist studierend für ihre End Klausur*
Sie lernt gerade für ihre Abschlussprüfung.

*Zur Verstärkung verwendet man oft zusätzlich Zeitworte, wie at the moment, now, today, tomorrow, last week, last month, tonight,...*

Im Deutschen würde man das Wörtchen „gerade" einfügen, um dasselbe zum Ausdruck zu bringen. Man drückt mit der Verlaufsform im Amerikanischen auch Pläne in der nahen Zukunft (morgen, heute Abend) aus:

**We're having leftovers this evening.**
wier hävin läfftowvers ðißiewnin
*wir'sind habend Reste diesen Abend*
Wir werden heute Abend Reste essen.

Da man die Verlaufsform mit be bildet, verwendet man zur Verneinung die verneinte Form mit not (nicht) oder -n't:

**She's not having a party for her birthday.**
schiesnad hävine pardie forör börðdäj
*sie'ist nicht habend eine Party für ihren Geburtstag*
Sie macht keine Fete an ihrem Geburtstag.

## Zukunft

Wenn es nicht so sehr um den Verlauf geht, sondern vielmehr um eine Prognose, einen Plan, sollte man die Zukunft mit dem Hilfswort „werden" will will bilden. Auch wenn man im Deutschen meist nicht „werden" verwendet, im Amerikanischen ist es ein Muss! will und seine verneinte Form won't wownt sind immer unverändert und gelten für alle Personen.

*Kurzformen:*
I'll, you'll, he'll, she'll, it'll, we'll, you'll, they'll

## I'll fly to LA tomorrow.

eil fleijte äl | äj temarow
*ich-werde fliegen nach Los-Angeles morgen*
Ich fliege morgen nach Los Angeles.

## I won't buy that T-shirt.

ei wownt beij ðäd tie | schörd
*ich werde-n'icht kaufen jenes T-shirt*
Ich werde das T-Shirt nicht kaufen.

*Kurzformen:*
I'd, you'd, he'd, she'd, we'd, you'd, they'd

Ist alles noch nicht definitiv geplant, sondern an eine Bedingung geknüpft, verwendet man would wudd oder die verneinte Form wouldn't wuddnt:

## I'd buy this one, if I were you.

eid beij ðißwuann ifeiwör juh
*ich-würde kaufen dies eins, wenn ich wäre du*
Ich würde dieses kaufen, wenn ich du wäre.

## Vergangenheit & vollendete Gegenwart

Die einfache Vergangenheit und die vollendete Gegenwart gibt es auch im Deutschen: „ich flog" und „ich bin geflogen", und sie werden ebenso wie im Deutschen eingesetzt. Im Amerikanischen ist ihre Bildung nur viel einfacher: In der einfachen Vergangenheit sind alle Formen gleich!

*Vergangenheitssätze werden meist ergänzt durch Zeitworte wie:* last year, yesterday, three months ago

**I, you, he/she/it, we, you, they waited**
ei, juh, hie/schie/it, wie, juh, ðäj wäjded
*ich wartete, du wartetest, er/sie/es warteten,*
*wir warteten, ihr wartetet, sie warteten*

Die einfache Vergangenheit bildet man durch
ein einfaches Anhängen von -ed an die Grundform. Endet die Grundform jedoch auf einen
Mitlaut + - y, wird aus dem -y ein -ied; endet sie
auf einen Selbstlaut + - y, wird aus dem -y ein -
id. An Grundformen, die auf -e enden, wird
nur ein -d angehängt. Leicht zu merken sind
die drei wichtigen Hilfsworte be, have & do:

*Unregelmäßige*
*Vergangenheitsformen*
*sind in der Wortliste*
*am Ende des Buches*
*immer mit angegeben.*

| | | |
|---|---|---|
| **I was** | ei wos | ich war |
| **you were** | juh wör | du warst |
| **he was** | hie wos | er war· |
| **we were** | wie wör | wir waren |
| **you were** | juh wör | ihr wart |
| **they were** | ðäj wör | sie waren |

Die verneinten Formen sind entsprechend
wasn't und weren't. Für have gilt immer had
oder verneint hadn't. Für do gilt immer did
oder verneint didn't.

## vollendete Gegenwart

Einfacherweise bildet man die vollendete
Gegenwart ausschließlich mit have und der
Partizipform des entsprechenden Tätigkeitswortes. Ist das Tätigkeitswort regelmäßig,
stimmt es mit der einfachen Vergangenheit

überein, z.B. opened, closed. Amerikaner bevorzugen im Gegensatz zu den Briten jedoch meist die „normale" Vergangenheitsform.

**I've been both to the East and West Coast.**
eiv binn bowð tuðe ießtn wäßt kowßt
*ich'habe gewesen beide zu der Ost und West Küste*
Ich war schon an der Ost- und Westküste.

**I've seen this movie already.**
eivßien ðiß muvie elräddie
*ich'habe gesehen diesen Film schon*
Ich habe den Film schon gesehen.

*Die Partizip-Formen der drei Hilfsworte lauten:*
to be = been
to have = had
to do = done

# Möchten, Können, Sollen

**D**er richtige Umgang mit Hilfsworten ist nicht schwer. Es gibt zwei Kategorien:

Die unselbständigen können nur in der Gegenwart (can, may, must) und der Vergangenheit (could, might, should) verwendet werden, keine anderen Zeiten sind möglich, auch keine Verlaufsform. Verneint werden sie mit not oder der Endung -n't: can't/couldn't, may not/might not, mustn't/shouldn't. Sie müssen immer durch ein anderes Tätigkeitswort in der Grundform ergänzt werden. Sie werden nicht gebeugt, sondern sind für alle Personen gleich.

Die selbständigen werden gebeugt, indem an die *er-sie-es*-Form ein -s angehängt wird.

*Diese Formen sind weniger gebräuchlich:*
cannot, could not, must not, should not, mightn't

Ihnen kann ein Tätigkeitswort nur nach einem einleitendem to folgen. Sie werden mit der verneinten Formen von do verneint.

### möchten, mögen, wünschen

want to = *möchten*   **He wants to go to Seattle.**
hie wantßte gowte ßie | äddl
*er möchte zu gehen zu Seattle*
Er möchte nach Seattle gehen.

like to = *mögen*   **She likes to surf.**    **He'd like to stay.**
schie leikßte ßörf    hied leikte ßtäj
*sie mag zu surfen*    *er würde mögen zu bleiben*
Sie surft gern.    Er würde gerne bleiben.

wish to = *wünschen*   **I wish to go home.**
ei wisch tegow howm
*ich wünsche zu gehen Zuhause*
Ich möchte nach Hause.

### müssen, sollen

must = *müssen*    **He must be tired.**    **He should come.**
(should: *Vergangenheit*)   hie maßbie teijerd    hie schudd kamm
*er muss sein müde*    *er sollte kommen*
Er muss müde sein.    Er sollte kommen.

need to = *sollen*    **He needs to pay.**    **She ought to wake up.**
ought to = *sollen*   hie niedste päj    schie owde wäjkap
*er soll zu zahlen*    *sie soll zu wachen auf*
Er muss zahlen.    Sie sollte aufwachen.

| | | |
|---|---|---|
| **Shall we dance?** | **She has to leave.** | shall = *sollen* |
| schällwie dänß | schie häßte liev | |
| *sollen wir tanzen* | *sie hat zu weggehen* | |
| Sollen wir tanzen? | Sie muss gehen. | |

| | |
|---|---|
| **I've got to go shopping.** | have (got) to |
| eiv gadde gow schoppin | = *müssen* |
| *ich'habe bekommen zu gehen einkaufend* | (einen Drang spüren) |
| Ich muss (jetzt) einkaufen gehen. | |

Die zusätzliche Verwendung von got macht das Anliegen dringlicher, drückt einen starken Wunsch oder Zwang aus.

## können

| | | |
|---|---|---|
| **He can't sing.** | **She's able to drive.** | can = *können* |
| hie känt ßing | schiesäjblte dreiv | (could: *Vergangenheit*) |
| *er kan-n'nicht singen* | *sie'ist fähig zu fahren* | |
| Er kann nicht singen. | Sie kann fahren. | be able to = *können* |
| | | (fähig sein) |

Wenn Sie able verneinen wollen, können Sie not able oder in diesem Fall isn't able sagen. Welche Möglichkeiten Sie sonst noch haben, zeigt Ihnen das nächste Kapitel.

## dürfen

| | | |
|---|---|---|
| **He may drink.** | **She's allowed to speak.** | may = *dürfen* |
| hie mäj drenk | schieselauwte ßpiek | (might = *Vergangenheit*) |
| *er darf trinken* | *sie'ist erlaubt zu sprechen* | be allowed to = *dürfen* |
| Er darf trinken. | Sie darf reden. | (Erlaubnis haben) |

# Verneinung

**E**s gibt im Amerikanischen vier Worte zur Verneinung. Eines haben Sie bereits kennengelernt:

**not** natt nicht

Es wird zur Verneinung von allen Tätigkeitswörtern und Hilfsworten verwendet. Die gekürzte Variante -n't kann nur an Hilfsworte angehängt werden: do, have, be, must, should, can, could, may, might, will, would.

**no** now nein, verboten, kein

So sagt man einfach „nein". Aber so bringt man auch Verbote zu Ausdruck, dass etwas nicht vorhanden ist oder nicht akzeptiert wird. no kann vor Tätigkeitswörtern in der Verlaufsform oder vor Hauptwörtern stehen.

| **no smoking** | **no trespassing** |
|---|---|
| now ßmowkin | now träßpäßin |
| *kein rauchend* | *kein überquerend* |
| Rauchen verboten! | Überqueren verboten! |

| **no vacancy** | **no one** | **nowhere** |
|---|---|---|
| now väjkensie | now wuann | nowär |
| *kein freies-Zimmer* | *kein ein* | *nicht-wo* |
| Belegt! | keiner | nirgendwo |

## non- nann Nicht-

Die Vorsilbe non- findet man in festen Verbindungen, vor einem Hauptwort:

**non-smoker**
nann ßmowker
*nicht-Raucher*
Nichtraucher

**non-descript**
nann-diskrip
*nicht-beschreibbar*
undefinierbar

## un- ann un-

Es macht Dinge rückgängig und drückt das Gegenteil aus, genau wie das deutsche „un-" :

| | | | |
|---|---|---|---|
| **unfriendly** | annfrännlie | unfreundlich | |
| **unhealthy** | annhälðie | ungesund | |
| **unable** | annäjbl | unfähig | |
| **undress** | anndräß | ausziehen | *wörtl.: un-anziehen* |
| **undo** | annduw | öffnen | *wörtl.: un-machen* |

## n- (in feststehenden Wendungen)

Das not ist im Laufe der Zeit mit dem zu negierenden Teil verschmolzen:

| | | | |
|---|---|---|---|
| **never** | näver | nie | ever äver *jemals* |
| **never ever** | näveräver | niemals | either ... or ieðer ... or |
| **neither ... nor** | nieðer ... nor | weder ... noch | *entweder ... oder* |
| **nothing** | naðin | nichts | thing ðing *Ding* |
| **none** | nann | keins | |

## Satzstellung & Bindeworte

Jetzt haben Sie schon das Gröbste der Grammatik hinter sich, und ich kann Ihnen verraten, wie Sie all diese Teile im Amerikanischen in die richtige Reihenfolge bringen.

| wer? | Hilfswort + Aktion | was?/wo?/wann? |
|---|---|---|
| **Many tourists** | **like to come** | **to New York in spring.** |
| männi turißtß | leikte kamm | te nujork in ßpring |
| *viele Touristen* | *mögen zu kommen* | *nach New York im Frühling* |
| Viele Touristen kommen gerne im Frühling nach New York . | | |

| Fragewort? | Hilfswort | wer? | Aktion | was?/wo?/wann? |
|---|---|---|---|---|
| **Where** | **did** | **you** | **buy** | **that surfboard?** |
| wär | did | je | beij | ðäd ßörfbowrd |
| *wo* | *tatest* | *du* | *kaufen* | *jenes Surfbrett* |
| Wo hast du das Surfbrett gekauft? | | | | |

Wenn Sie sich an diese strenge Struktur halten, kommen Sie schon zurecht. Egal, was Sie dem Aussagesatz noch an Zeit- oder Ortsbestimmungen hinzufügen, das tun Sie immer nur am Anfang oder Ende. Die Einheit *wer-macht-was* bleibt immer als Kern bestehen! Beim Fragesatz müssen natürlich nicht immer alle Komponenten vorhanden sein, aber dennoch immer in dieser Reihenfolge!

Im Deutschen bauen wir Sätze ja schon mal gerne um - vermeiden Sie das in Ihren amerikanischen Satz!

Ich habe Ihnen jetzt schon viele Wortarten vorgestellt, mit denen Sie kurze Sätze bilden können. Für einen langen Satz oder Nebensatz brauchen Sie:

*Im Gegensatz zu deutschen Bandwurmsätzen sind Sätze im Amerikanischen eher kürzer.*

| **with/without** | wið/wiðaud | mit/ohne |
|---|---|---|
| **and/or** | änn/owr | und/oder |
| **but/because** | batt/biekows | aber/weil |
| **if ... then** | iff ... ðänn | wenn ... dann |
| **that** | ðäd | dass |
| **(in order) to** | (in owrdr) tuw | (um) zu |
| **therefore** | ðärfor | daher |
| **because of/ due to** | biekosef/ dute | wegen |
| **instead** | inßtädd | anstatt |
| **during/while** | durin/weil | während |
| **when/as** | wänn/äs | als |
| **as soon as** | äßuhnäs | sobald |

**Pleased to meet you.**
pliestemietje
*erfreut zu treffen dich*
Es freut mich, Sie kennenzulernen.

**If you don't have a king size, I'll take queen size then.**
iffje downt häve king ßeis eiltäjk kwien ßeis ðänn
*wenn du tust-n'icht haben ein König Größe, ich'werde nehmen Königin Größe dann*
Wenn Sie kein großes Doppelbett mehr haben, nehme ich eben das mittelgroße.

## Fragen & Aufforderungen

**D**ie Satzstruktur kennen Sie bereits, hier sind jetzt alle Fragewörter:

| | | |
|---|---|---|
| **who** | hu | wer, wen |
| **whose** | hus | wessen |
| **to whom** | tehuwm | wem |
| **which** | witsch | welcher |
| **what** | wad | was |
| **what for** | wad for | wozu |
| **what kind of** | wad keindeff | welche Art |
| **with what** | wið wad | womit |
| **where** | wär | wo, wohin |
| **where ... from** | wär ... framm | woher |
| **why** | weij | warum, wieso |
| **when** | wänn | wann |
| **how** | hauw | wie |
| **how much** | hauw matsch | wie viel |
| **how many** | hauw männi | wie viele |
| **how long** | hauw lowng | wie lange |

Wenn man eine Frage ohne Fragewort bilden möchte *(z.B. hast du das gemacht?)*, macht man das ähnlich wie im Deutschen. Aber auch hier müssen Sie sich sklavisch an die amerikanische Satzstruktur halten.

**Do you speak German?**
dje ßpiek dschörmen
*tust du sprechen Deutsch*
Sprechen Sie/sprichst du Deutsch?

Sie erinnern sich? Man braucht do zur Verneinung aller Tätigkeitswörter, und man braucht es zur Verneinung aller Fragen ohne Fragewort. Die einzige Ausnahme sind Fragesätze, in denen ein anderes Hilfswort (be, have, must, should, can, could, may, might, will, would) verwendet wird.

**Have you been to the Grand Canyon?**
hävjebin tuðe gränn kännjen
*hast du gewesen zu dem Grand Canyon*
Warst du schon mal beim Grand Canyon?

**Could you pass me the ketchup, please?**
kudje päßmie ðe kätschapp plies
*könntest du reichen mir den Ketschup bitte*
Kannst du mir bitte den Ketchup reichen?

## Aufforderungen

Einfacher geht's nicht. Man verwendet einfach das Tätigkeitswort in der Grundform:

**Come on!**
kammon
*komm auf*
Komm schon!

**Please follow me!**
plies folowmie
*bitte folgen mir*
Bitte folgen Sie mir!

**Let us go home!**
läddeß gow howm
*lass uns gehen Zuhause*
Lass uns nach Hause gehen!

## Zahlen & Zeit

**S**ie stehen auf jeder Seite, damit Sie sie spielend erlernen. Hier nur noch mal kurz im Überblick. Die Zahlen von null bis zwölf prägen Sie sich am besten einfach ein, dann haben Sie das Rüstzeug für alle Zahlen bis 99 schon bei der Hand.

*Null wird auch*
*0 = ow gesprochen*

| 0 | **zero** | sierow | 10 | **ten** | tänn |
|---|---|---|---|---|---|
| 1 | **one** | wuann | 11 | **eleven** | ieläwn |
| 2 | **two** | tuw | 12 | **twelve** | twälv |
| 3 | **three** | ðriej | 13 | **thirteen** | ðördien |
| 4 | **four** | for | 14 | **fourteen** | fordien |
| 5 | **five** | feiv | 15 | **fifteen** | fifftien |
| 6 | **six** | ßikß | 16 | **sixteen** | ßikßtien |
| 7 | **seven** | ßäwn | 17 | **seventeen** | ßäwentien |
| 8 | **eight** | äjt | 18 | **eighteen** | äjtien |
| 9 | **nine** | nein | 19 | **nineteen** | neintien |

*21* twenty-one
twännie wuann,
*22* twenty-two
twännie tuw,
*23* twenty-thhree
twännie ðriej, etc.

| 20 | **twenty** | twänniej | 60 | **sixty** | ßikßtiej |
|---|---|---|---|---|---|
| 30 | **thirty** | ðördiej | 70 | **seventy** | ßäwentiej |
| 40 | **forty** | fordiej | 80 | **eighty** | äjtiej |
| 50 | **fifty** | fifftiej | 90 | **ninety** | neintiej |

| 100 | **(a/one) hundred** | (e/wuann) handrid |
|---|---|---|
| 200 | **two hundred** | tuw handrid |
| 1000 | **(a/one) thousand** | (e/wuann) ðauwsend |
| 2000 | **two thousand** | tuw ðausend |
| *Million* | **(a/one) million** | (e/wuann) milljen |
| *Milliarde* | **(a/one) billion** | (e/wuann) billjen |

## Stockwerke und Plazierungen

| 1st | first | förßt | 6th | sixth | ßikßð |
|-----|-------|-------|-----|-------|-------|
| 2nd | second | ßäkend | 7th | seventh | ßäwenð |
| 3rd | third | ðörd | 8th | eighth | äjtð |
| 4th | forth | forð | 9th | ninth | neinð |
| 5th | fifth | fiffð | 10th | tenth | tännð |

| 11th | eleventh | ieläwnð |
|------|----------|---------|
| 12th | twelfth | twälfð |
| 20th | twentieth | twänniejeð |
| 21th | twenty first | twännie förßt |

In den USA zählt man Stockwerke nicht so wie in Deutschland. Das Erdgeschoss ist der first floor förßflor, danach geht's höher hinauf mit second floor ßäkend flor, etc.

## Häufigkeit

Die kann man ganz einfach mit der Zahl und time(s) teim(s) bilden. Für ein und zwei Mal gibt es jedoch eine zweite Form.

this/next/last time ðiß/näkß/läßt teim
*diesmal, nächstes Mal, letztes Mal*

| **one time/once** | wuann teim/wuannß | ein Mal |
|-------------------|-------------------|---------|
| **two times/twice** | tuw teims/tweiß | zwei Mal |

## Teilstücke

| 1/2 | **(a/one) half** | (e/wuann) häf |
|-----|------------------|---------------|
| 1/3 | **a/one third** | e/wuann ðörd |
| 1/4 | **a/one quarter** | e/wuann kworder |
| 3/4 | **three quarters** | ðrie kworders |

## Punkt, Komma oder Doppelpunkt?

point = *Punkt*
percent = *Prozent*

Geht es um Dezimalzahlen, sagt man für 1,5%: one point five percent wuann poijnt feiv pörßänt. Den Punkt, den wir bei 1.000-er Schritten verwenden, ist bei den Amerikanern ein Komma: 1,000. Beim Datum verwendet man statt einem Punkt einen slash ßläsch, und die Reihenfolge ist anders: month/day/year. Bei der Uhrzeit gibt es statt des Doppelpunktes einen Punkt: 15.43.

*„Monat/Tag/Jahr"*

## Datum

months mannôs

Die Monate heißen: January jännje|ärie, February fäbbje|ärie, March martsch, April äjprill, May mäj, June dschuwn, July dschulei, August owgeßt, September ßäbbtämmber, October aktowber, November nowvämmber, December diesämmber. Sie werden groß geschrieben, genau wie die Wochentage: Monday manndäj, Tuesday tusdäj, Wednesday wännßdäj, Thursday ðörsdäj, Friday freijdäj, Saturday ßädderdäj, Sunday ßanndäj.

weekday wiekdäj

### What's the date?
wadßöe däjt
*was'ist das Datum*
Welches Datum haben wir?

### What date is it?
wad däjt isid
*was Datum ist es*

### Today's the 1st of August/August 1st.
tuhdäjs ðe förßtef owgeßt / owgeßt förßt
*heute'ist der 1. von August / August 1.*
Heute ist der 1. August.

**What's your birthdate?**
wadßjer börðdäjt
*was'ist dein Geburtsdatum*
Wann ist dein Geburtsdatum?

Das Jahr (year  jier) sagt man fast genauso wie im Deutschen: nineteen-ninety-nine für 1999 — d.h. vierstellige Jahreszahlen trennt man einfach in zwei: 19 — 99. Das gilt natürlich nicht für solch runde Zahlen wie das Jahr 2000, das hat den besonderen Spitznamen Y2K, sprich: weij | tu | käj. Und die nächsten Jahre werden genauso heißen wie ihre Zahl beim Zählen: 2001 = two thousand one  tuw ðauwsend wuann

Y = year jier *Jahr*
K = kilo kilow = *1000*

    Viele Traditionen sind an bestimmte Feiertage geknüpft. Offizielle nationale Feiertage — legal holidays  liejgel halliedäjs — sind mit einem * gekennzeichnet. Hier sind die Daten — dates  däjtß, die man sich merken sollte:

**New Year's Day\***  nujiers däj
    1. Januar. Neujahrstag. Auf dem Times Square in New York wird der Beginn des neuen Jahres für alle amerikanischen Zeitzonen gefeiert.

**Valentine's Day**  välenteins däj
    14. Februar. Valentinstag. Wird unter Liebenden und guten Freunden gefeiert.

**St. Patrick's Day**  ßenpätrikß däj
    17. März. St. Patrick's Tag, ein irischer Feiertag, der auch von Nicht-Iren gefeiert wird. Man trägt grüne Kleidung, trinkt grünes Bier und isst Pökelfleisch mit Kohl.

*Amerika ist in*
time zones  teim sowns
*Zeitzonen unterteilt,*
*von West nach Ost:*
Samoa,
Hawaii-Aleutian,
Alaska, Pacific,
Mountain, Central,
Eastern

**Easter Sunday** ießter ßanndäj

März/April. Ostersonntag, Ostermontag und Karfreitag gibt es in den USA nicht.

*wörtl.: April* **April Fool's Day** äprill fuhls däj
*Verarschter Tag*

1. April. Wie bei uns April, April!

*wörtl.: Tageslicht* **Daylight Savings** däjleit ßäjvingß
*Gespartes*

1. Sonntag im April. Die Uhr springs forward ßprings for|d — springt vorwärts — von 1 a.m. auf 2 a.m. (nicht in Arizona, Hawaii und in Teilen von Süd-Indiana).

**Mother's Day** maðers däj

2. Sonntag im Mai. Muttertag.

*wörtl.: Gedenktag* **Memorial Day★** mämmowriejel däj

30. Mai. 1948 eingeführt als Tag für ein prayer for peace präjer for pieß — Gebet für den Frieden.

**Father's Day** faðers däj

3. Sonntag im Juni. Vatertag.

**Independence Day★** indiepänndenß däj

4. Juli. Gefeiert wird der Unabhängigkeitstag mit großen Feuerwerken.

**Native American Day** näjtiv emmäriken däj

4. Freitag im September. Tag der Indianer.

**Columbus Day★** kalammbeß däj

12. Oktober. Gedenktag für den Entdecker Christopher Columbus.

**Daylight Savings** däjleit ßäjvingß

Letzter Sonntag im Oktober. Die Uhr falls back fols bäk— fällt zurück von 2 a.m. auf 1 a.m. (s.o.).

*von: all hallow even* **Halloween** hällowien
*oll hällow iewn*
*alle heiligen Abend*

31. Oktober. Verkleidete Kinder mit jack'o-lanterns dschäkow länterns — orangene

Kürbislaternen — klingeln an jeder Tür im Dorf mit der Frage: trick or treat  trik or triet — Zaubertrick oder milde Gabe?

**Veteran's Day\***  vädderenß däj
11. November. Tag der Kriegsveteranen.

**Thanksgiving\***  ðängkßgivin
4. Donnerstag im November. An diesem Tag kommen Familien zur Danksagung an Gott zusammen. Wichtiger als Weihnachten.

**Christmas Day\***  krißmeß däj
25. Dezember. Weihnachtstag.

*Nationale Feiertage werden auf Freitag oder Montag verschoben, wenn sie auf ein Wochenende fallen. So gibt es zum geringen Jahresurlaub von 10 - 20 Tagen zusätzlich 7 freie Tage.*

### Uhrzeit

Einmal alle Möglichkeiten in der vollen Stunde durchgespielt:

**What time is it?**
wad teim isid
*was Zeit ist es*
Wie spät ist es?

**It's ...**
itß
*es-ist*
Es ist ...

*Wer nach der Uhrzeit fragt, weiß, ob es Morgen oder Nachmittag ist. Geschrieben differenziert man genau:*
a.m. = ante meridiem *(vor Mittag)* oder
p.m. = post meridiem *(nach Mittag)*

**five a.m. / p.m.**
feiv äj | äm / piej | äm
*fünf Uhr Vor-/Nachmittag*
5 Uhr / 17 Uhr

**ten past five**
tänn päßt feiv
*zehn nach fünf*
zehn nach fünf

**quarter past five**
kworder päßt feiv
*Viertel nach fünf*
Viertel nach fünf

**five fifteen**
feiv fifftien
*fünf fünfzehn*
fünf Uhr fünfzehn

*Das deutsche „fünf nach halb" kann man im Amerikanischen nicht sagen!*

**half past five**
häfpäßt feiv
*halb nach fünf*
halb sechs

**five thirty**
feiv ðördie
*fünf dreißig*
fünf Uhr dreißig

**quarter to six**
kworderte ßikß
*Viertel zu sechs*
Viertel vor sechs

**fifteen to six**
fifftiente ßikß
*fünfzehn zu sechs*
fünfzehn vor sechs

Die Stunde nennt sich hour auwer, und die teilt sich in Minuten minutes minnitß und Sekunden seconds ßäkends. Die Armbanduhr ist eine watch wotsch und die Wanduhr eine clock klak. Damit Sie bei der Verabredung nicht zu spät kommen — be late bieläjt, sondern pünktlich sind — be on time biejenteijm, erkundigen Sie sich besser nach der Uhrzeit time teim.

**At what time?**
ät wadteim
*bei was Zeit*
Welche Uhrzeit?

**At (about) ... o'clock.**
ät (ebauwt) ... eklak
*bei (etwa) ... Uhr*
Etwa um ...

now nauw *jetzt*
soon ßuwn *bald*

**In ... hour(s).**
in ... auwers
*in ... Stunde(n)*
In ... Stunde(n).

**In half an hour.**
in häfenauwer
*in halb einer Stunde*
In einer halben Stunde.

**next week, Monday, month, time**
näkßt wiek, manndäj, mannð, teijm
*nächste(n,s) Woche, Montag, Monat, Mal*

**in two days/weeks/months/years**
in tuw däjs/wiejkß/mannß/jiers
*in zwei Tagen/Wochen/Monaten/Jahren*

**last fall/night**
läßd fol/neit
*letzten Herbst/Abend*

**this evening/year**
ðiß iewenin/jier
*diesen Abend/dieses Jahr*

**in the morning**
inðe mornin
*an dem Morgen*

**on Friday night**
en freidäj neit
*an Freitag Abend*

*weitere Tageszeiten:*
noon nuhn
*Mittag*
lunchtime lanschteijm
*Mittagszeit*
afternoon äfternuhn
*Nachmittag*
evening iewenin
*Abend*
midnight middneit
*Mitternacht*

**a little later**
eliddl läder
*ein wenig später*

**maybe earlier**
mäjbie örliejer
*vielleicht früher*

**before tomorrow**
biefor temorow
*vor morgen*

**after tonight**
äfter teneit
*nach heute-Abend*

**until yesterday**
antill jäßterdäj
*bis gestern*

**since today**
ßinß tudäj
*seit heute*

**as of ten o'clock**
äseff tänneklak
*ab von zehn von-der'Uhr*
ab zehn Uhr

**two days ago**
tuw däjs egow
*zwei Tage her*
vor zwei Tagen

the day after tomorrow
ðe däj äfter temorow
*der Tag nach morgen*
übermorgen

**from 8 a.m. to 8 p.m.**
framm äjt äj | äm te äjt pie | äm
*von 8 vormittag zu 8 nachmittag*
von 8 bis 20:00 Uhr

the day before yesterday
ðe däj biefor jäßterdäj
*der Tag vor gestern*
vorgestern

**between 5 p.m. and 6 p.m.**
bietwien feiv pie | äm änn ßikß pie | äm
*zwischen 5 nachmittags und 6 nachmittags*

**by next week**
bei näkß wiek
*bis nächste Woche*

**around September**
erauwnd ßäbbtämmber
*um-herum September*

**on the weekend**
onðe wiekänd
*an das Wochenende*
am Wochenende

**at the moment**
ät ðe mowment
*bei der Moment*
im Moment

## Mengen & Maße

**O**b Sie einkaufen gehen, sich nach Sehenswürdigkeiten erkundigen oder im Restaurant etwas zur Menge sagen möchten, diese brauchen Sie immer:

| | | |
|---|---|---|
| **all** | ol | alle, ganz |
| **each** | ietsch | jede |
| **several** | ßäwrel | verschiedene |
| **few** | fju | wenig |
| **a few** | efju | einige, ein paar |
| **little** | liddl | wenig, kaum |
| **much** | matsch | viel |
| **many** | männie | viele |
| **some** | ßamm | einige |
| **any** | ännie | irgendwelche |

| | | |
|---|---|---|
| **anything** | änníeðing | irgendetwas |
| **something** | ßammðing | etwas |
| **a thing** | eðing | etwas |

**I'm just looking for some sneakers.**
eim dchaßt lukin for ßamm ßniekers
*ich'bin nur schauend für einige Turnschuhe*
Ich suche ein paar Turnschuhe.

**Have you found anything yet?**
hävje fauwnd änníeðing jed
*hast du gefunden irgendetwas schon*
Haben Sie schon etwas gefunden?

In Amerika verwendet man keine metrischen Maße, prägen Sie sich die amerikanischen daher gut ein:

| | | |
|---|---|---|
| **cup(pint) (pt)** | kap(peint) | 0,47 Liter |
| **quart (qt)** | kwort | 0,94 Liter |
| **gallon (gal)** | gällen | 3,79 Liter |
| **ounce (oz)** | auwnß | 25,35 Gramm |
| **pound (lb)** | pauwnd | 453,59 Gramm |
| **inch (in)** | insch | 2,54 Zentimeter |
| **foot (ft)** | futt | 30,48 Zentimeter |
| **yard (yd)** | jard | 0,91 Meter |
| **mile (m)** | meil | 1,609 Kilometer |

Die Temperatur misst man auch anders, nämlich in Fahrenheit (F) farenheit: 0°F = -18°C und 32°F = 0°C, aber dazu mehr im Kapitel „Smalltalk".

## Mini-Knigge

**E**s gibt in den USA viele, viele Benimmregeln zu beachten. Regel Nummer Eins ist, dass Sie sich um viel mehr Höflichkeit im Umgang mit Amerikanern bemühen sollten. Sagen Sie bei jeder Gelegenheit „Entschuldigung" und „Bitte", wie es die Amis tun.

Achten Sie auf Ihre Ausdrucksweise, denn für alles gibt es PC terms pie | sie törms — politisch korrekte Bezeichnungen: African American äfriken emmäriken für „Schwarze", Native American näjtiv emmäriken für „Indianer" und Hispanic American hißpännik emmäriken für „Latinos". Trotz der sprachlichen Kosmetik spiegelt die Realität Amerikas immer noch die gewachsene Rassentrennung wider. Sie werden kaum Weiße kennenlernen, die viele afro-amerikanische Freunde haben und umgekehrt. Auch bei der greencard lottery grienkard ladderiej, die die amerikanische Einwanderungsbehörde jedes Jahr zur Verlosung von Arbeitsgenehmigungen veranstaltet, sind Europäer die bevorzugten Kandidaten. Politische Korrektheit ist eben kein gewachsenes Gefühl der Gleichheit.

Darüber hinaus sind die Amerikaner meist tief religiös und aus diesem Grund häufig unglaublich prüde. Die liebste Sonntagsbeschäftigung ist auch der Gang zur Kirche. Es gibt unzählige Varianten der protestantischen Kirche — protestant prodeßtent, aber auch der katholischen — catholic käðellik, die sich alle deutlich von den Kirchen Europas unterscheiden. Am bekanntesten ist sicher die gospel church goßpell tschörtsch — Gospellieder singende Kirchen afroamerikanischer Gemeinden. Ebenfalls interessant ist es, den Spuren der religiösen Mormonen Mormon mormown zu folgen, die 1846 mit 70.000 Menschen über einen Zeitraum von 20 Jahren aus religiösen Gründen von New York in den mittleren Westen flüchteten auf dem so genannten Mormon-trail träjl. Ihre Basis ist heute in Salt Lake City, Utah. Eine weitere große religiöse Gruppe sind die Quaker kwäjker in Pennsylvania.

Die Prüderie ist in den USA überall spürbar: topless sunbathing topplеß ßannbäjðin — ein Sonnenbad oben ohne — gibt es nur an bestimmten Stränden in Florida und Kalifornien — sonst ist es eher verpönt. nudist camps nudißt kämß — FKK-Campingplätze sind nur etwas für Hippies. Wer ein nacktes Körperteil in der Öffentlichkeit zur Schau stellt oder gar in der freien Natur beim Geschlechtsverkehr erwischt wird, muss mit einem unfreiwilligen Besuch der Polizeiwache rechnen, u. U. sogar der vergitterten Räume von innen. Sex vor der Ehe wird in den USA noch immer nicht gern gesehen, daher die Mauerblümchen-Art, sich erst zigmal zu einem date däjt zu verabreden, bevor man zu ihr/ihm nach Hause geht.

*Wenn der Amerikaner verärgert ist, beauftragt er sogleich einen Anwalt — attorney etörnie, und das kann Sie teuer zu stehen kommen! Fotografieren Sie niemanden, der nicht offensichtlich einverstanden ist.*

## Anrede, Begrüßen & Verabschieden

**L**assen Sie sich in die Umkompliziertheit der Amerikaner fallen. Vergessen Sie einfach das „Sie" und die damit verbundene Distanz in Ihrem Verhalten. Ein Amerikaner stellt sich immer mit seinem Vornamen vor, außer er macht Geschäfte auf höchster Ebene oder hat von Amts wegen mit jemandem zu tun. Sonst duzt man sich. Sprechen Sie Ihren Bekannten, Freund oder Kollegen immer konkret mit seinem Namen an, wenn Sie ihm etwas erzählen wollen, reden Sie nicht einfach drauflos.

*Vergessen Sie es, jemanden nach dem Familiennamen zu fragen, aber merken Sie sich den Vornamen!*

Den Händedruck können Sie auch getrost vergessen. Den brauchen Sie nur bei wichtigen Geschäften oder anderen förmlichen Situationen. Unter Freunden, Kollegen oder Nachbarn ist das unüblich.

**Hi!** hei Hi!

Die Begrüßung schlechthin zu jeder Tageszeit, zu Personen, die sie kennen oder gerade kennen lernen! Sagen Sie, wenn möglich, hi hei plus den Namen des Angesprochenen und beginnen Sie so ein kurzes Gespräch.

🔊 **Hi John, how are you?**
hei dschon, hauwarje
*hallo John wie bist du*
Hi John, wie geht's? (Man kennt sich schon.)

*Das kann man auch in einem Wort sagen:*
Howdy!
hauwdie

**Fine/Great, thanks.**
fein/gräjt ðängkß
*fein/großartig danke*
Gut/super, danke.

**And you?**
ännjuh
*und du*
Und dir?

*Man kennt sich noch nicht/nicht gut:* **Hi! How are you doing?**
hei hauwarje duwin
*hi wie bist du machend*
Hi, wie geht's?

**I'm Karin.**
eim kärin
*ich'bin Karin*
Ich heiße Karin.

Wenn man sich im engen Freudeskreis trifft, auf eine Party geht, und man sich eher umgangssprachlich äußert, hören Sie bestimmt:

**Hi! What's up?**
hei wotßap
*hi was'ist auf*
Hi, wie geht's?

**Hi! How's it going?**
hei hauwsid gowin
*hi wie'ist es gehend*
Hi, wie geht's?

*good morning sagt man, wenn man morgens den Nachbarn auf der Straße trifft oder ins Büro kommt.* **Good morning (everybody)!**
gedmornin (äwrebaddiej)
*guten Morgen (jeder)*
Guten Morgen (allerseits)!

*good evening abends auf der Straße oder bei einer Rede.* **Good evening (everybody)!**
gediewnin ävriebaddiej
*guten Abend (jeder)*
Guten Abend (allerseits)!

Wenn man einfach nur auf Wiedersehen sagen möchte, nachdem man z.B. seine Einkäufe getätigt hat oder bei der Post war, sagt man immer einfach nur (Good)Bye! (ged)beij.

Der amerikanische Verkäufer oder die Kellnerin sagt dann vermutlich:

🔊 **Bye! Have a nice day!**
beij häve neiß däj
*tschüss habe einen schönen Tag*
Einen schönen Tag noch. Auf Wiedersehen.

Verabschiedet man sich von Freunden oder
Kollegen, die man bald wiedersehen wird:

🔊 **I gotta go! See you!**     **Take care!**     *Man kann auch sagen:*
eigadde gow ßieje     täjkkär     see you later
*ich muss gehen sehen dich*     *nehme Acht*     ßieje läjder
Ich muss los! Bis dann!     Pass auf dich auf!     *sehen dich später*
    Bis später!

Wenn man der Person viel Spaß wünschen
möchte, eine gute Fahrt oder eine gute Nacht:     see you tomorrow
    ßieje temorow

🔊 **Have fun!**     **Have a good trip!**     *sehen dich morgen*
hävfann     häve gudtrip     Bis morgen!
*habe Spass*     *habe eine gute Reise*
Viel Spass!     Gute Reise!     see you tonight
    sieje teneid

🔊 **Drive carefully!**     **I'll be in touch**     *sehen dich heute-Abend*
dreiv kärfellie     eillbie in tatsch     Bis heute Abend!
*fahre vorsichtig*     *ich'werde sein in Kontakt*
Fahr' vorsichtig!     Ich meld' mich.

🔊 **Good night!**     **Sleep well!**
gudneit     ßliep wäll
*gute Nacht*     *schlafe gut*
Gute Nacht!     Schlaf schön!

## Smalltalk

**S**malltalk ßmoltowk, so nennt man die wenig tiefgehenden Gespräche, die Sie vor allem führen sollten, wenn Sie gerade jemanden kennenlernen:

| **What's your name?** | **My name's Ann.** | 🔊 |
|---|---|---|
| wadßjer näjm | mei näjms änn | |
| *was'ist dein Name* | *mein Name'ist Ann* | |
| Wie heißt du? | Mein Name ist Ann. | |

Sollten Sie sich doch auf einer eher formellen Party befinden, will Ihr host hohwßt (Gastgeber) Sie bestimmt den anderen Gästen vorstellen:

**Let me introduce you to some people.** 🔊
lättmie intredusje te ßamm piepl
*lass mich vorstellen dich zu einige Leute*
Ich würde Sie gerne einigen Leuten vorstellen.

**This is my wife/husband.** 🔊
ðißiß mei weif/haßbend
*dies ist mein Frau/Mann*
Das ist meine Frau/mein Mann.

| | | |
|---|---|---|
| *Mama/Papa* | **mom/dad** | mamm/däd |
| *Mutter/Vater* | **mother/father** | maðer/faðer |
| *Sohn/Tochter* | **son/daughter** | ßann/doder |
| *Bruder/Schwester* | **brother/sister** | braðer/ßißter |
| *Verlobte(r)* | **fiancée/fiancé** | fiejanßäj |
| *Kollege(in)/Freund(in)* | **colleague/friend** | kollieg/frännd |

| folks/family | fowkß/fämeliej | Familie |
| aunt/uncle | ont/angkl | Tante/Onkel |
| cousin/buddy | kasin/baddie | Cousin(e)/Kumpel |
| grandma/grandpa | gränma/gränpa | Oma/Opa |
| brother/sister in law | braðer/ßißter inlow | Schwager/Schwägerin |
| child/baby | tscheild/bäjbiej | Kind/Baby |
| boyfriend/girlfriend | boifrännd/görlfrännd | Freund(-in) in einer Beziehung |

🔊 **This is Mr. Klein, an artist from Berlin.**
ðißiß mißtr klein enardißd framm börlin
*dies ist Herr Klein ein Künstler von Berlin*
Das ist Herr Klein, ein Künstler aus Berlin.

Aber wie gesagt, außer, wenn es sehr förmlich zugeht, wird man Sie mit Ihrem Vornamen vorstellen. Die Antwort lautet immer:

🔊 **Pleased to meet you.**
plieste mietje
*erfreut zu treffen dich*
Freut mich.

Miss miß =*Fräulein (Jugendliche)*

Ms. mis = *Frau (neutral)*

Mrs. mißiß = *Frau (verheiratet)*

Mr. mißtr =*Herr*

 **Smalltalk**

Dann lassen es sich die Amerikaner aber wirklich nicht nehmen, doch noch zu erfahren, wo Sie denn herkommen:

| | | |
|---|---|---|
| Switzerland | **How about you? I'm from Germany.** | |
| ßwitserländ | hauwbauwt juh | eim framm dschörmenniej |
| *Schweiz* | *wie über dich* | *ich'bin von Deutschland* |
| | Und du? | Ich komme aus Deutschland. |

| | | |
|---|---|---|
| Austria | **How long are you staying for?** | **3 weeks.** |
| oßtrieja | hauw long arje ßtäjin for | ðrie wiekß |
| *Österreich* | *wie lang bist du bleibend für* | *drei Wochen* |
| *Manche unserer Städte* | Wie lange bleibst du? | drei Wochen |

*werden auf Englisch*
*anders geschrieben* **Is this your first time here?**
*und gesprochen:* is ðiß jer förßteijm hier
*ist dies dein erst Zeit hier*

Cologne Bist du zum ersten Mal hier?
kelown
*Köln* **Well, it's my first time in Chicago, but ...**
wäll ittß mei förßteim in tschiekagow bad
Munich *also es'ist mein erstes Mal in Chicago, aber*
mjuwnik Ich bin zum ersten Mal in Chicago, aber ...
*München*

**I've been to other places in the US before.**
Geneva eivbinte aðerpläjßeß inðe ju | äß biefor
dschenieva *ich'habe gewesen zu andere Orte in den VS vorher*
*Genf* Ich war schon in anderen Orten in den USA.

Vienna **So, where have you been so far?**
vjänna sow wär hävje bin sowfar
*Wien* *also wo hast du gewesen so weit*
Wo warst du denn schon bisher?

🐚 **I once made a trip to the West Coast for a couple of weeks...**
ei wuanß mäjde trip tuwðe weßtkowßt for äj kapleff wiekß
*ich einmal machte eine Reise zu der West Küste für ein paar von Wochen*
Ich war mal ein paar Wochen an der Westküste ...

🐚 **and I've also been to New England some years ago.**
ändeiv olsow binnte nu ingglend ßamm jiers egow
*und ich'habe auch gewesen zu Neu England einige Jahre her*
und vor einigen Jahren war ich auch mal in Neu-England.

🐚 **Have you ever been to Germany?**
hävje äver binnte dschörmmenie
*hast du jemals gewesen zu Deutschland*
Warst du schon mal in Deutschland?

Amerikaner sind sehr stolz auf ihr Land, daher
werden Sie bestimmt gefragt:

🐚 **How do you like it here?**
hauwdje leikitt hier
*wie tust du mögen es hier*
Wie gefällt's dir hier?

🐚 **I (just) love it!**          **It's great/wonderful!**          *Ihnen mag es*
ei (dschaßt) lavitt          ittß gräjt/wanderfel          *vielleicht übertrieben*
*ich (genau) liebe es*          *es'ist großartig*          *vorkommen, zu sagen,*
Ich finde es toll!          Es ist super!          *dass Sie etwas lieben,*
                                                     *aber dann drücken*
🐚 **I'm having a great time!**                  *Sie sich perfekt*
eim hävine gräjt teim                            *Amerikanisch aus!*
*ich'bin habend eine großartige Zeit*
Ich finde es super!

Aber Sie können auch die Fragen stellen:

| | |
|---|---|
| **Where are you from?** | **I'm from St. Paul.** |
| wärje framm | eim framm ßint powl |
| *wo bist du her* | *ich'bin von St. Paul* |
| Woher kommst du? | Ich komme aus St. Paul |
| **Where's that?** | **It's in Minnesota.** |
| wärs ðäd | ittß in minneßowde |
| *wo'ist jenes* | *es'ist in Minnesota* |
| Wo ist das? | Das ist in Minnesota. |

*Der gefragte Amerikaner antwortet auch gerne mit der Herkunft seiner Familie:*

Chinese tscheinies *Chinese*
Cuban kjuwben *Cubaner*
Greek griek *Grieche*
Italian ittälljen *Italiener*
Irish eirisch *Ire*
Japanese dschäpenies *Japaner*
Jewish dschuwisch *Jude*
Mexican mäkßieken *Mexikaner*
Polish powlisch *Pole*
Puertorican pwerdowrieken *Puertoricaner*

## The 51 States

| | |
|---|---|
| **Alabama (AL)** [2003] | ällebäme |
| **Alaska (AK)** [2008] | eläßke |
| **Arizona (AZ)** [2008] | äresowne |
| **Arkansas (AR)** [2003] | arkenßow |
| **California (CA)** [2005] | källefowrnje |
| **Colorado (CO)** [2006] | kalleräjdow |
| **Connecticut (CT)** [1999] | kenäddieked |
| **Delaware (DE)** [1999] | dällewäer |
| **District of Columbia (DC)** | dißtrikef kellembieja |
| **Florida (FL)** [2004] | flareda |
| **Georgia (GA)** [1999] | dschordsche |
| **Hawaii (HI)** [2008] | heweij |
| **Idaho (ID)** [2007] | eidehow |
| **Illinois (IL)** [2003] | illenoi |
| **Indiana (IN)** [2002] | indiejäne |
| **Iowa (IA)** [2004] | eijewe |
| **Kansas (KS)** [2005] | känseß |
| **Kentucky (KY)** [2001] | kentakkiej |

| | |
|---|---|
| **Louisiana (LA)** [2002] | luwiesiejäne |
| **Maine (ME)** [2003] | mäjn |
| **Maryland (MD)** [2000] | märelend |
| **Massachusetts (MA)** [2000] | mäßetschußetß |
| **Michigan (MI)** [2004] | mischigen |
| **Minnesota (MN)** [2005] | minneßowde |
| **Mississippi (MS)** [2002] | mißeßipiej |
| **Missouri (MO)** [2003] | mesuriej |
| **Montana (MT)** [2007] | mantäne |
| **Nebraska (NE)** [2006] | nebräßke |
| **Nevada (NV)** [2006] | neväde |
| **New Hampshire (NH)** [2000] | nuhämscher |
| **New Jersey (NJ)** [1999] | nudschörsie |
| **New Mexico (NM)** [2008] | nu mäkßikow |
| **New York (NY)** [2001] | nujork |
| **North Carolina (NC)** [2001] | norð käreleine |
| **North Dakota (ND)** [2006] | nohrð dekowde |
| **Ohio (OH)** [2002] | owheijow |
| **Oklahoma (OK)** [2008] | owklehowme |
| **Oregon (OR)** [2005] | origen |
| **Pennsylvania (PA)** [1999] | pänßelväjnje |
| **Rhode Island (RI)** [2001] | rowdeilend |
| **South Carolina (SC)** [2000] | ßauwð käreleine |
| **South Dakota (SD)** [2006] | ßauwð dekowde |
| **Tennessee (TN)** [2002] | tänneßiej |
| **Texas (TX)** [2004] | täkßeß |
| **Utah (UT)** [2007] | juhtow |
| **Vermont (VT)** [2001] | vermant |
| **Virginia (VA)** [2000] | verdschinje |
| **Washington (WA)** [2007] | woschingten |
| **West Virginia (WV)** [2005] | wäß verdschinje |
| **Wisconsin (WI)** [2004] | wißkanßen |
| **Wyoming (WY)** [2007] | weijowming |

*Weitere hilfreiche Abkürzungen:*

NYC = New York City,
*(um es von dem Bundesstaat* NY *zu unterscheiden)*

LA = Los Angeles
Philly = Philadelphia
Frisco = San Francisco

*...und Spitznamen:*

The Big Easy
= New Orleans

The Big Apple
= New York City

The Big Tomato
= Sacramento

The Windy City
= Chicago

Dixie
= The Southern States

 **Smalltalk**

Ob einem der Urlaub gefällt oder nicht, hat für viele etwas mit dem Wetter zu tun:

| | | |
|---|---|---|
| hot | hatt | *warm* |
| warm | worm | *warm* |
| cool | kuwl | *kühl* |
| cold | kowld | *kalt* |
| freezing | friesin | *eisig* |
| windy | windiej | *windig* |
| cloudy | klauwdiej | *bewölkt* |
| clear | klier | *klar* |
| sunny | ßannie | *sonnig* |
| foggy | foggie | *neblig* |

**The weather is great!**
ðe wäðrs gräjt
*das Wetter is großartig*
Das Wetter ist toll!

**It's too hot/humid!**
ittß tuw hat/chjumid
*es'ist zu heiß/schwül*
Es ist zu heiß/schwül!

**What'll the weather be like in the West?**
wadl ðe wäðer bieleik inðe wäßt
*was'wird das Wetter sein ähnlich in dem Westen*
Wie wird das Wetter im Westen sein?

**It's supposed to rain/snow/hail.**
ittß ßepowßte räjn/ßnow/häjl
*es'ist angenommen zu regnen/schneien/hageln*
Es soll Regen, Schnee, Hagel geben.

In den USA verwendet man ein anderes Mess-system für Temperaturen als bei uns: Fahren-heit farenheit statt Centigrade ßentigräjd (Celsi-us). Lassen Sie sich also nicht von den extrem hohen Temperaturen erschrecken, wenn Sie ein amerikanisches Thermometer benutzen! „Grad" heißt einfach degree digriej. Wird es richtig kalt im Winter, geht die Temperatur auch unter Null, und das heißt dann -5°F feiv digries below sierow = -21 °C. In der Wettervor-hersage werden Sie aber hoffentlich hören:

| | |
|---|---|
| 100 °F | = 38 °C |
| 90 °F | = 32 °C |
| 80 °F | = 27 °C |
| 70 °F | = 21 °C |
| 60 °F | = 16 °C |
| 50 °F | = 10 °C |
| 40 °F | = 4 °C |
| 32 °F | = 0 °C |
| 0 °F | = -18 °C |

**Tomorrow temperatures will reach the high 80's/low 100's**

temorow tämpritschers will rietsch ðe hei äjdies / low handridß

*morgen Temperaturen werden erreichen die hoch 80'des /niedrig 100'des*

Morgen werden wir Temperaturen um die 30°C/40°C haben.

Eine Besonderheit in den USA ist die „Fünfte Jahreszeit" im Herbst, der Indian summer ind-jen ßammer. Nach einer kalten Periode ist es im Ende Oktober oder Anfang auf einmal wieder so richtig warm, und die herbstlich rot-gelben Blätter strahlen im Sonnenschein, besonders in Neu-England, an den Großen Seen und in Nord-Kalifornien. Unangenehm sind die ver-schiedenen Wirbelstürme, die jedes Jahr wie-der mit ungeheurer Zerstörungswut zuschla-gen. Im Herbst fegen hurricanes hariekäjns mit über 118 km/h durch den Osten, tauchen zunächst die Südküste in Sturmfluten, bevor sie landeinwärts wüten. Im mittleren Westen sind es blizzards bliserds (Schneestürme) im Winter und im Frühjahr verwüsten tornados

spring
ßpring
*Frühling*

summer
ßammer
*Sommer*

fall
fol
*Herbst*

winter
winter
*Winter*

*Achtung bei*
*Warnungen vor:*
avalanche äwelensch
*Lawine*
earthquake örßkwäjk
*Erdbeben*
flood flad
*Flut*
forest fire fowreßt feijer
*Waldbrand*

tornäjdows mit 180-510 km/h alles, was ihnen in die Quere kommt. Der Südosten wird nach heftigen Regenfällen von Fluten auf dem Mississippi und Missouri heimgesucht, während Trockenheit für Wandbrände im bergigen Terrain der Rocky Mountains sorgt. Und nicht zuletzt hat Süd-Kalifornien von Zeit zu Zeit mit Erdbeben zu kämpfen.

## Beruf & Bildung

Jetzt will man sicher wissen, was Sie beruflich machen, und wo Sie zur Schule gegangen sind:

### Are you traveling or here for business?
arje trävlin or hier for bisniß
*bist du reisend oder hier für Geschäfte*
Bist du im Urlaub oder geschäftlich hier?

### I'm spending my summer vacation here.
eim ßpändin mei ßammer väjkäjschen hier
*ich'bin verbringend meine Sommer Ferien hier*
Ich verbringe meine(n) Ferien/Urlaub hier.

### I'm here for business reasons.
eim hier for bisniß riesons
*ich'bin hier für Business Gründe*
Ich habe hier geschäftlich zu tun.

### What do you do for a living?
wadje duw forelivin
*was tust du tun für ein lebend*
Was machst du beruflich?

🔊 **I work for a bank/an insurance/an attorney, ...**
ei wörk fore bänk/eninschurenß/enetörniej
*ich arbeite für eine Bank/eine Versicherung/einen Anwalt*
Ich arbeite für eine Bank/eine Versicherung/einen Anwalt.

🔊 **I'm working at a hospital/the city hall/the university, ...**
eim wörkin ädde hoßpiddl/ðe ßiddie howl/ðe junievörsiddiej
*ich'bin arbeitend bei ein Krankenhaus/das Stadthaus/die Universität*
Ich arbeite in einem Krankenhaus/im Stadthaus/der Universität, ...

🔊 **I'm a teacher/hairdresser/consultant, ...**
eime tietscher/härdräßer/kanßalltent, ...
*ich'bin ein(e) Lehrer(in)/Frisör(in)/Berater(in)*

*Berufsbezeichungen im Amerikanischen gelten meist für männlich und weiblich !*

**social worker, secretary, housewife, ...**
ßowschel wörker, ßäkretäriej, hauwßweif, ...
*Sozialpädagoge, Sekretärin, Hausfrau, ...*

🔊 **I'm still going to school/to college.**
eim ßtill gowin teßkuwl/tekolidsch
*ich'bin noch gehend zu Schule/zu Universität*
Ich gehe noch zur Schule/zur Uni.

| 🔊 **I study ...** | **medicine** | mädeßen | *Medizin* |
| ei ßtaddie | **law** | low | *Jura* |
| *ich studiere* | **economics** | äkenommikß | *Wirtschaft* |
| | **languages** | längwitsches | *Sprachen* |
| | **IT** | ei \| tiej | *Informatik* |
| 🔊 **I studied ...** | **art** | art | *Kunst* |
| ei ßtaddiet | **engineering** | ändschenierin | *Maschinenbau* |
| *ich habe studiert* | **chemistry** | kämeßtriej | *Chemie* |
| | **journalism** | dschörnelism | *Journalismus* |
| | **music** | mjusik | *Musik* |

| | |
|---|---|
| high(school)<br>hei (ßkuwl)<br>= *weiterführende<br>Schule* | **I'm an exchange student at Windsor High.**<br>eimen ikßtschäjndsch ßtudent ät windßer hei<br>*ich'bin ein Austausch Student bei Windsor Schule*<br>Ich bin Austauschschülerin an der Windsor-Schule. |

*Jährlich kehren die Ehemaligen zur Schule/Uni zurück und besuchen das* **homecoming game** howmkammin gäjm, *ein "Rückkehrspiel" — natürlich American Football.* *Abends feiert man den* **homecoming dance** howmkanmin dänß, *auf dem die* **homecoming queen** howmkammin kwien *gewählt wird, und somit ins Jahrbuch* **year book** jierbuk *eingehen wird.*

Jetzt mögen Sie denken, was soll ich mit Schulvokabular? Aber in den USA spielt es auch später noch eine wichtige Rolle, wer oder was man in der Schul- und Unizeit war. Von der prom pram — dem Abschlussball — werden Amerikaner immer wieder erzählen, ebenso von ihrer Zeit als Schulsprecher oder Teamkapitän. Die jährliche reunion riejunjen — Wiedervereinigung — sorgt dafür, dass man die Schul- und Unizeit nie vergisst.

**When did you graduate?** 🐦
wänn didje grädjewet
*wann tatest du Abschluss-machen (Schule & Uni)*
Wann hast du deinen Abschluss gemacht?

**I'm the class of '86.** 🐦
eim öe kläßef äjdießikß
*ich'bin die Klasse von 86*
Ich habe 1986 meinen Abschluss gemacht.

| | |
|---|---|
| fraternity<br>frätörnitiej<br>*Jungenklub* | **I was in a sorority since my freshman year.**<br>eiwos inne ßowrowritiej ßinß mei fräschmen jier<br>*ich war in ein Mädchenklub seit mein<br>Frisch-Mann Jahr*<br>Ich war in einem Mädchen-Klub seit meinem ersten Jahr an der Uni. |

|  | senior high | college |  |
|---|---|---|---|
|  | ßienjer hei | kallidsch |  |
| **freshman** | 9. Klasse | 1. Jahr | fräschmen |
| **sophomore** | 10. Klasse | 2. Jahr | ßaffmowr |
| **junior** | 11. Klasse | 3. Jahr | dschunjer |
| **senior** | 12. Klasse | 4. Jahr | ßienjer |

### Familie & Alter

🔊 **Are you married?** **Do you have children?**
arje märied dje häv tschildren
*bist du verheiratet* *tust du haben Kinder*
Sind Sie verheiratet? Haben Sie Kinder?

🔊 **Yes, I have two kids.** **How about you?**
jäß eihäv tuw kidß hauwebauwt juh
*ja ich habe zwei Kinder* *wie über dich*
Ja, ich habe 2 Kinder. Und Sie/du?

🔊 **Do you have brothers and sisters?**
dje häv braðerßnßißterß
*tust du haben Brüder und Schwestern*
Hast du/Haben Sie Geschwister?

🔊 **I've got a younger/older brother.**
eiv gadde jangger/older braðer
*ich'habe geholt ein jüngeren/älteren Bruder*
Ich habe einen jüngeren/älteren Bruder.

🔊 **How old are you?** **Thirty one.**
hauwowld arje ðördie wuann
*wie alt bist du* *dreißig eins*
Wie alt bist du/sind Sie? Einunddreißig.

## Einladung & zu Gast sein

**W**enn Sie von Amerikanern nach Hause eingeladen werden, kann sich das so anhören:

**Do you have any plans for tomorrow?**
djehäv ännie pläns for temorow
*tust du haben irgendwelche Pläne für morgen*
Hast du morgen schon etwas vor?

**Well, I thought of going to the movies. Why?**
wäll ei ðowdeff gowin tuwðe muvies wei
*also ich dachte an gehend zu den Filmen warum*
Ich wollte ins Kino gehen. Wieso?

🔊 **I invited a couple of friends over for dinner, ...**
ei inveided ekapplef frännds owver for dinner
*ich lud-ein ein wenige Freunde über für Abendessen*
Ich habe ein paar Freunde zum Abendessen eingeladen, ...

🔊 **... who'd love to meet you.**
huwd lavte mietje
*wer'würde lieben zu treffen dich*
... die dich gern kennenlernen möchten.

🔊 **That's sweet of you. I'll come!**
ðädß ßwiedefje eil kamm
*das'ist süß von dir/euch. ich'werde kommen*
Das ist wirklich süß. Ich werde kommen.

🔊 **When should I come over?**
wänn schuddei kammowver
*wann sollte ich kommen über*
Wann soll ich kommen?

🔊 **Where do you live?**
wärdje liv
*wo tust du leben*
Wo wohnst du?

Sie würden gerne etwas mitbringen ...

🔊 **How about I bring dessert?**
hauwebauwt ei bring diesört
*wie über ich bringe Nachtisch*
Wie wär's, wenn ich den Nachtisch mitbringe?

*Natürlich können Sie Ihrem Gastgeber zusätzlich Wein oder Blumen mitbringen.*

**Hi. Come on in. I'm glad you could make it.**
hei kamm on in eim gläd juh kudd mejkitt
*hallo komme auf in ich'bin froh du konntest machen es*
Hi, komm 'rein. Schön, dass du kommen konntest.

**Sit down, please.**
ßitt dauwn plies
*sitze unten bitte*
Setz dich.

**Take a seat.**
täjke ßiet
*nehme einen Sitz*
Setz dich.

**Do you want anything to drink?**
dje wont annießing tedrink
*tust du wollen irgendetwas zu trinken*
Was möchtest du trinken?

*Nach der ersten Begrüßung gehen Sie einfach wieder zu Smalltalk über.*

Komplimente über das Essen:

**This is really tasty. How did you make it?**
ðißiß rieliej täjßtiej hauw didje mäjkitt
*dies ist wirklich schmeckend wie tatst du machen es*
Es schmeckt hervorragend. Wie ist das Rezept?

**Mmh yummy!**
mm jammie
*mmh lecker*
Sehr lecker!

**Do you want some more?**
dje wont ßamm mowr
*tust du wollen etwas mehr*
Möchtest du noch etwas mehr?

**I'd love to.**
eid lav tuw
*ich'würde lieben zu*
Ja gerne.

**No thanks, I'm stuffed.**
now ðängkß eim ßtafft
*nein danke ich'bin gestopft*
Nein danke, ich bin satt.

# Dating

**F**lirten, und sei es ohne Hintergedanken, nur um die sozialen Kontakte anregender zu gestalten, läuft in den U.S.A. etwas anders ab. Mit einem wilden Augenkontakt können sie dort nicht rechnen. Wollen Sie flirten, müssen Sie diejenige/denjenigen gleich ansprechen und sich zu einem ordentlichen date däjt — einer romatischen Verabredung — verabreden. Dazu muss man einiges vorher klären:

❧ **Are you married?    No, I'm divorced.**
arje märied      now eim devorßt
*bist du verheiratet    nein ich'bin geschieden*
Bist du verheiratet?  Nein, ich bin geschieden.

❧ **Are you going out with someone?**
arje gowin auwt wið ßammwuann
*bist du gehend aus mit jemand*
Bist du mit jemandem zusammen?

❧ **Are you dating anyone?**
arje däjtin änniewuann
*bist du verabredend irgendwen*
Siehst du zurzeit jemanden?

❧ **Sorry, I already have a girlfriend/boyfriend.**
ßoriej ei owlrädddie häve görlfrännd/boifrännd
*entschuldige ich schon habe ein Freundin/Freund*
Entschuldige, ich habe eine Freundin/einen Freund.

# Dating

**blind date** bleind däjt *kennt man seit dem gleichnamigen Film mit Kim Basinger & Bruce Willis — eine Verabredung mit einer/einem Unbekannten.*

Man geht beim ersten date immer aus, Einladungen nach Hause sind zu persönlich und finden erst statt, wenn man sich besser kennt.

### Can I take you out for dinner?
kännei tÿjkje auwt for dinner
*kann ich nehmen dich aus für Abendessen*
Kann ich dich zum Abendessen einladen?

| **Sure!** | **Yeah, o.k.** | **Maybe.** |
|---|---|---|
| schuwr | jä owkäj | mÿjbie |
| *sicher* | *ja o.k.* | *vielleicht* |
| Na klar! | Ja, o.k. | Vielleicht. |

### Sorry, I already have plans for tomorrow.
ßoriej ei owräddie häv pläns for temorow
*entschuldige ich schon habe Pläne für morgen*
Sorry, ich habe morgen schon etwas vor.

### How about Thursday instead?
hauwebauwt ðörßdäj inßtäd
*wie über Donnerstag stattdessen*
Wie wäre es mit Donnerstag?

*Viele* **dates** *werden als* **double date** *dabl däjt eingefädelt, um zwei Menschen unauffällig zu verkuppeln, oder um jemanden unauffällig anmachen zu können.*

### I'll pick you up at seven.
eill pikje app ätt ßäwn
*ich'werde picken dich auf um sieben*
Ich hole dich um sieben Uhr ab.

Als Mann sollten Sie bei der Verabredung die Form wahren, der Frau in den Mantel helfen, die Tür des Autos oder des Lokals aufhalten und die Frau nach Hause bis zur Tür begleiten.

Seien Sie ganz Gentleman der alten Schule.
Trotz feminism  fämminism  und women's lib  *Feminismus &*
wimens lib  zahlt meist immer noch der Mann.  *„Frauen-Befreiung"*

**Can I take you home?**
kännei täjkje howm
*kann ich nehmen dich Zuhause*
Kann ich dich nach Hause bringen?

**Can we see each other again?**
kän wie ße ietschaðer egänn
*können wir sehen jede andere nochmal*
Können wir uns nochmal treffen?

**I hope to see you again soon.**
eihowp teßieje egänn ßuwn
*ich hoffe zu sehen dich nochmal bald*
Ich hoffe, wir sehen uns bald wieder.

**Thanks for the nice evening.**
ðängkß for ðe neis iewenin
*danke für die nette Abend*
Danke für den netten Abend.

## Liebesgeflüster

**S**tecken Sie Ihre Erwartungen an Ihr erstes date nicht zu hoch. Für religiöse Amerikaner bleibt Beischlaf vor der Ehe etwas Frivoles. Wenn Sie dennoch mit jemandem intimer werden, sollten Sie über **safer sex** ßäjfer ßäkß sprechen. Nicht nur wegen AIDS, sondern auch wegen Hepatitis, Syphilis und nicht zuletzt ungewollter Schwangerschaften. Die Rate für **teenage pregnancies** tienädsch prägnenßies — Schwangerschaften von Jugendlichen — und **abortions** eborschenß — Abtreibungen — ist schon mehr als zu hoch! Sexuelle Aufklärung — **sexual education** ßäkschuwel ädjekäjschen — versteckt sich in den USA leider hinter unglaublicher Prüderie.

**Do you have any condoms/a rubber?**
dje häv ännie kondomß/erabber
*tust du haben irgendwelche Kondome/ein Gummi*
Hast du Komdome/ein Gummi dabei?

**Do you have any gloves/dental dam?**
dje häv ännie glavs/däntel däm
*tust du haben irgendwelche Handschuhe/
Zahn- Damm (für Leseben)*
Hast du Handschuhe/einen Mundeinsatz da?

*Alles andere sagen Sie einfach in der* universal language of love juniwörßel längwitschef lav *„der Sprache der Liebe!"*

Wenn man sich über Safer Sex ausgetauscht hat und sich hat testen lassen, geht es vielleicht nur noch um die Empfängnisverhütung:

**Do you take the pill?**
dje täjk ðepill
*tust du nehmen die Pille*
Nimmst du die Pille?

## Honeymoon

In Las Vegas kann man sich innerhalb von Minuten, ohne Aufgebot, ab $35 bar auf die
Hand vor wildfremden Menschen das Ja-Wort
geben: in einer chapel tschäpel (Kapelle) oder
einem drive thru dreiv ðruw — einem Schalter, an
dem Sie im Auto sitzend bedient werden.

*Berühmte Hochzeiten in Las Vegas: Michael Jordan & Gattin, Joan Collins & Gatte, Bruce Willis & Demi Moore und natürlich Elvis & Priscilla*

🎵 **We'd like to get married.**
wied leikte gätt märried
*wir würden mögen zu bekommen verheiratet*
Wir möchten heiraten.

🎵 **Have you been married before?**
hävjebinn märied biefor
*hast du gewesen verheiratet vorher*
Waren Sie schon mal verheiratet?

🎵 **May I see your ID please.**
mäjei ße jer ei | die plies
*darf ich sehen deinen Ausweis bitte*
Darf ich bitte Ihren Ausweis sehen?

🎵 **I hereby pronounce you man and wife.**
ei hierbei pronauwnß juh mänenweif
*ich hiermit erkläre sie Mann und Frau*
Hiermit erkläre ich Sie für Mann und Frau.

## Essen & Trinken

**S**ie gehören zu denen, die glauben, die amerikanische Küche habe nichts außer ungesundem fast food zu bieten? Weit gefehlt, sie ist so vielseitig wie Amerikas Landschaften und Menschen. Die besten Leckereien finden Sie meist nur auf dem Esstisch einer amerikanischen Familie, da auch Amis im Restaurant etwas anderes essen möchten als zu Hause.

| | **breakfast** | bräkfeßt | Frühstück |
|---|---|---|---|
| downatt | **donut** | süßer runder Hefekringel mit Zucker-/Schokoguss | |
| bäjgel | **bagel** | salziger, runder Hefekringel | |
| maffin | **muffin** | süßer, Minisandkuchen mit Rosinen, Schoko u.ä. | |
| ßleißef towßt | **slice of toast** | eine Scheibe Toastbrot | |
| ßleißef bräd | **slice of bread** | eine Scheibe Brot | |
| gräjhäm | **graham** | Vollkorn- | |
| weit | **white** | Weiß- | |
| bann/rowl | **bun/roll** | Brötchen | |
| pampernikl | **pumpernickel** | Schwarzbrot | |
| badder | **butter** | Butter | |
| häm | **ham** | Schinken | |
| tschies | **cheese** | Käse | |
| pienatbadder | **peanutbutter** | Erdnussbutter | |
| (änd) dschällie | **~(and) jelly** | (und) Marmelade | |
| bäjken | **bacon** | Frühstücksspeck, gebraten | |
| äggs | **eggs** | Eier | |
| ßanießeidap | **~sunny side up** | Spiegelei *(sonnige Seite hoch)* | |

| ~over easy | Spiegelei beidseitig gebraten | owwer iesiej |
|---|---|---|
| scrambled ~ | Rührei | ßkrämbld |
| omelet | Omelette | omlet |
| hash browns | kleine Reibekuchen/Rösti | häsch brauwns |
| sausage | kleine Würstchen, pikant | ßoßidsch |
| (a stack of) | (ein Stapel) Pfannkuchen | (eßtäkef) |
| pancakes | (mit Backpulver gebacken) | pänkäjkß |
| maple syrup | Ahornsirup (zu Pfannkuchen) | mäjpl ßerep |
| cereals | Oberbegriff für Müsli, Cornflakes, Smacks & Co. | ßieriejels |
| granola | Müsli | grenowle |
| cornflakes | gleichnamige Maisflocken | kornfläjkß |
| oatmeal | Haferflocken | owtmiel |

Erstmal müssen Sie natürlich ein Lokal betreten, wo Sie essen möchten. Dort erwartet Sie meist ein Schild am Eingang, und die hostess howßtäß begleitet Sie zu einem Tisch.

🔊 **Wait to be seated.**
wäjtte bie ßieded
*warten zu sein hingesetzt*
Bitte hier warten, Tisch wird zugewiesen.

🔊 **How many people?**
hauwmännie piepl
*wie viele Personen*
Wie viel Personen?

🔊 **Smoking or non-smoking?**
ßmowkin or nannßmowkin
*rauchend oder nicht-rauchend*
Raucher oder Nichtraucher?

*In Kalifornien gibt es nur Nichtraucher-Restaurants, alles andere ist verboten.*

Die hostess verschwindet wieder in den Eingangsbereich, und jetzt kümmert sich eine Bedienung um Sie, bringt Ihnen die Speisekarte — menu *männju* — and a pitcher of water *epitscheref woder* — eine Kanne Wasser (mit Eis) — und stellt sich Ihnen vor:

appetizer
*äpeteiser*
*Vorspeise*

soup
*ßup*
*Suppe*

**Hi, I'm Linda. May I take your order?**
*hei eim linda mäjei täjkjer order*
*hallo, ich'bin Linda. darf ich nehmen deine Bestellung*
Hallo, mein Name ist Linda. Was darf's sein?

entrée
*enträj*
*Hauptspeise*

**I'll have eggs and blueberry muffins.**
*eil häv äggs änd bluwbäriej maffinß*
*ich'werde haben Eier und Blaubeere Küchlein*
Ich nehme Eier und Blaubeer-Muffins.

dessert
*diesört*
*Nachspeise*

**How do you want your eggs?**
*hauwdje wontjer äggs*
*wie tust du wollen deine Eier*
Wie wollen Sie die Eier haben?

**Sunny side up with bacon on the side.**
*ßannießeidap wið bäjkn onðe ßajd*
*sonnig Seite hoch mit Speck auf der Seite*
Spiegeleier mit Speck separat.

**Anything to drink?**
*ännieðing tedrink*
*irgendetwas zu trinken*
Und zu trinken?

| (hot/cold) milk | (warme/kalte) Milch | (hat/kowld) milk |
| --- | --- | --- |
| yogurt | Jogurt | jowgert |
| (cup/mug of) coffee | (Tasse) Kaffee | (kapef/magef) koffie |
| with or without | mit Milch oder schwarz | wið owr wiðauwt |
| decaf | entkoffeinierter Kaffee | diekäf |
| tea | Tee | tiej |
| sugar | Zucker | schuger |
| cream | (Kaffee-)Sahne (man trinkt keine Milch im Kaffee) | kriem |
| hot chocolate | warmer Kakao | hat tschaklet |
| orange juice | Orangensaft | orindsch dschus |
| grapefruit juice | Grapefruitsaft | gräjpfruwt dschus |

🔊 **Some coffee with cream, please.**
ßamm koffie wið kriem plies
*manche Kaffee mit Sahne bitte*
Einen Kaffee mit Milch, bitte.

🔊 **Regular or decaf?**
rägjeler or diekäf
*normal oder entkoffeiniert*
Normal oder koffeinfrei?

🔊 **Can I have a refill?**
kännei häve riefill
*kann ich haben ein Wiederfüllen*
Kann ich noch eine Tasse Kaffee haben?

*Ein* (free) refill
(friej) riefill *ist kostenloses Nachschenken von Kaffee.*

🔊 **Coming right up.**
kammin reidap
*kommend richtig auf*
Kommt sofort.

## Restaurant, Imbiss & Café

| | | |
|---|---|---|
| deiner | **diner** | informelles Restaurant |
| trakßtop | **truck stop** | eine Art Raststätte |
| dälliej | **deli** | Sandwich-Imbiss |
| räßterent | **restaurant** | Restaurant |
| dreivðruw/dreivin | **drive thru/drive in** | „Durchfahr"-Restaurant |
| owlje känn iejt | **all you can eat** | Buffet, bis man satt ist |
| täjkauwt/deinin | **take-out/dine in** | mitnehmen/hier essen |
| befäj | **buffet** | Buffet |
| hatdag ßtänd | **hotdog stand** | Würstchen-Bude |
| kaffie schap | **coffee shop** | Café; Kaffee und Kekse |

Das Frühstück nehmen Amerikaner meist bis 8 Uhr zu sich. Zum lunch lansch (Mittagessen) gibt es ein sandwich ßänwitsch. Die Standards:

*Ein* sandwich *gibt es* **PBJ sandwich (peanut butter, jelly)**
open-faced    pie | bie | dschäj ßänwitsch (pienatbader, dschällie)
owpen fäjßt *(offen),*    1 Toast, Erdnussbutter, Marmelade (offen)
*doppel- und* **Club sandwich**
*dreistöckig,*    klabb ßänwitsch
*oder supergroß:*    3 Toast, Hühnerbrust, Tomate, Speck
greinder greinder. **Reuben sandwich**
*Auf dem* sandwich *ist*    ruwben ßänwitsch
*immer* butter    Pumpernickel, Käse, Pökelfleisch,
badder & mayonese    Sauerkraut (gegrillt)
mäjenies. *Dazu kommt* **BLT sandwich (bacon, lettuce, tomato)**
*je nachdem* mustard    bie | äl | tie ßänwitsch (bäjkn, lädeß, temäjdow)
maßterd *(Senf),*    2 Toast, Speck, Salat, Tomate
ketchup kätschep **pastrami sandwich**
*(Ketchup) oder* relish    peßträmie ßänwitsch
rällisch *(Chutney).*    2 Toast, geräuchertes Rindfleisch

Der Großstadtbürger lässt sich zu Mittag einen hot dog am Straßenstand zusammenstellen: 1-2 Würstchen (wiener wiener), geröstete Zwiebeln (onions annjens), dazu saure Gurken (pickles pikels), Senf , Ketschup — fertig! Frühstück und Mittagessen in einem nennt sich brunch bransch, und abends isst man in den USA traditionell die große, warme Mahlzeit: zu Hause nennt es sich supper ßapper, im Restaurant jedoch dinner dinner.

*Statt einem sandwich können Sie auch einen wrap räp bestellen, das ist vom Prinzip her dasselbe, nur steckt die Füllung in einem Maisfladen.*

Die großen Viehzuchtfarmen haben Fleisch zur Nummer Eins auf dem Speiseplan werden lassen, am liebsten beim bar-B-Q bar|bie|kjuw (gegrillt mit Holzkohle oder Gas).

| **meat** | miet | Fleisch | |
|---|---|---|---|
| **sirloin (steak)** | ohne Knochen (groß) | | ßerloin (stäjk) |
| **rib eye (steak)** | ohne Knochen (zart) | | ribeij (stäjk) |
| **T-bone (steak)** | Mittelteil (eher fett) | | tiebown (stäjk) |
| **tenderloin (steak)** | Filet (mager) | | tänderloin (stäjk) |
| **strip (steak)** | Kotelett | | ßtrip (stäjk) |
| **spare rib** | Rippenstücke | | ßpärrib |
| **pork** | Schweinefleisch | | pork |
| **beef** | Rindfleisch | | bief |
| **chicken** | Hähnchen | | tschiken |

Bestellen Sie ein Steak, werden Sie gefragt:

### Rare, medium or well-done?
rär, miedjem or wälldann
*blutig, mittel oder gut-gemacht*
Blutig, medium oder durchgebraten?

Sie glauben, ein Hamburger sei nur fast food von McDonalds oder Burger King. Dann müssen Sie mal einen homemade howwmmäjd (selbstgemacht) bei Amerikanern zu Hause oder in einem guten diner probieren, mmh ...

| | | |
|---|---|---|
| börger | **burger** | gebratenes Gehacktes mit Salat & Soße im Brötchen |
| kworderpauwnder | **quarterpounder** | „Viertelpfünder", sonst s.o. |
| tschiesbörger | **cheeseburger** | mit Käse, sonst s.o. |

Dazu gibt's dann natürlich french fries fränsch freis (Pommes Frites) mit Ketschup; Majonäse gibt es eigentlich nie dazu.

Wenn Ihnen das jetzt zu langweilig war, interessiert Sie bestimmt die Vielfalt der nach Region oder Tradition unterschiedlichen main courses mäjn korßes (Hauptgerichte), zu denen oft eine ganz bestimmte Beilage gehört:

| | |
|---|---|
| törkiej wið kornbrädßtaffin änd kränberie ßoß | **turkey with cornbread stuffing & cranberry sauce** — Truthahn mit Maisbrotfüllung & „Preiselbeer"-Sauce zu Thanksgiving |
| korndbief änd käbedsch | **corned beef & cabbage** — Pökelfleisch & Kohl zu St. Patrick's Day |
| dschembeleije | **jambalaya** — würziger Eintopf aus Louisiana mit Reis und diversen Bratwurst-Sorten |
| gembow | **gumbo** — scharfer Eintopf aus Louisiana mit Reis, Okraschoten & div. Fleisch oder Fisch |
| tschilliej | **chili** — scharfer Eintopf aus Kidneybohnen und Rindfleisch aus New Mexico |
| buriedows wið ßalßaßowß | **burritos with salsa sauce** — Bohnen mit Salsasoße im Maisfladen |

| | | |
|---|---|---|
| **enchilada with guacamole** — gebackener Maisfladen mit Bohnen, Reis, Fleisch und Gewürzen, dazu ein Avokadodip | | änschelade wiþ gwakemowlie |
| **succotash** — Bohnen-Mais-Eintopf | | ßeketäsch |
| **baked potato with sour cream** — Ofenkartoffel mit saurer Sahne | | bäjkt potädow wiþ ßauwerkriem |
| **pumpkin pie/soup** — Kürbiskuchen / -suppe traditionell zu Halloween | | pampkenpei/ßuwp |
| **corn on the cob** — Maiskolben | | kowrn onþe kab |
| **maccaroni and cheese** — Nudelauflauf mit Käse | | mäkerownie ntschies |
| **spaghetti & meatballs** — Spaghetti mit Fleischklößchen | | ßegäddiej wiþ mietbowls |
| **meatpie** — gedeckter herzhafter Kuchen mit Fleischfüllung | | mietpej |

| **salad bar** | ßälled bar | Salatbuffet |
|---|---|---|
| **coleslaw** | Weißkrautsalat mit Majonäse | kowlßlow |
| **caesar's salad** | Blattsalat mit Ei, Anchovis, Olivenöl | sießers ßälled |
| **waldorf salad** | Salat mit Sellerie, Äpfeln, Walnüssen | woldorff ßälled |
| **tuna salad** | Thunfischsalat | tuwne ßälled |
| **chef salad** | gemischter Salat | schäff ßäled |
| **tossed salad** | grüner Salat | toßt ßälled |

📢 **Which dressing?**      **Give me ....**
witsch dräßin                 gimmiej
*welche Salatsoße*           *gebe mir*
Welche Salatsoße?         Bringen Sie mir ...

| | | |
|---|---|---|
| ðausndeilend dräßin | **thousand island dressing** | würzige Salatsoße mit Majonäse, Paprika |
| fränsch dräßin | **french dressing** | Vinaigrette |
| ietäljen dräßin | **italian dressing** | Vinaigrette, Kräuter |
| vinneger än ojl | **vinegar & oil** | Essig und Öl |
| ßoltnpäper | **salt & pepper** | Salz und Pfeffer |
| ßpeißißnörbs | **spices & herbs** | Gewürze und Kräuter |

| **veggies** | vädschies | Gemüse |
|---|---|---|
| **asparagus** | eßpäregeß | Spargel |
| **avocado** | ävekäjdow | Avokado |
| **beans** | biens | Bohnen |
| **bean sprout** | bienßpraut | Bohnensprosse |
| **beet** | biet | Rübe |
| **brussels sprout** | braßlßprauwt | Rosenkohl |
| **broccoli** | brakliej | Brokkoli |
| **carrot** | käret | Möhre |
| **cauliflower** | kowlieflauwer | Blumenkohl |
| **chard** | tschard | Artichoke |
| **chick peas** | tschikpies | Kichererbsen |
| **cucumber** | kjukamber | Bohnen |
| **eggplant** | äggplänt | Aubergine |
| **endive** | ändeiv | Endiviensalat |
| **garlic** | garlik | Knoblauch |
| **kohlrabi** | kowlräjbie | Kohlrabi |
| **leek** | liek | Lauch |
| **lentils** | läntills | Linsen |
| **okra** | okra | Okraschoten |
| **onion** | anjen | Zwiebel |
| **peas** | pies | Erbsen |
| **pepper** | päper | Paprikaschote |

*Oder Tofu gefällig?*
bean curd
bien körd

| | | |
|---|---|---|
| **potato** | potäjdow | Kartoffel |
| **rice** | reiß | Reis |
| **scallion** | ßkäljon | Frühlingszwiebel |
| **spinach** | ßpinetsch | Spinat |
| **squash** | ßkwosch | Kürbis |
| **sweet potato** | ßwiet potäjdow | Süßkartoffel |
| **turnip** | törnip | Rübe |
| **zucchini** | sukieniej | Zucchini |

Beim Lesen der Speisekarte hilft es auch, die
Zubereitungsmethoden zu kennen:

| | | |
|---|---|---|
| **broiled/roast** | gegrillt | broijld/rowßt |
| **braised/steamed** | geschmort/gedämpft | bräjsd/ßtiemd |
| **baked/fried** | gebacken/gebraten | bäjkt/freid |
| **stuffed/glazed** | gefüllt/glasiert | ßtafft/gläsd |
| **smoked/pickled** | geräuchert/eingelegt | ßmowkt/pikld |
| **poached/boiled** | pochiert/gekocht | powtscht/bojld |
| **mashed** | püriert | mäscht |
| **hash/stew** | Haschee/Eintopf | häsch/ßtuw |

Wenn Sie gerne Fisch und Meeresfrüchte —
fish & seafood  fisch änd ßiefuwd — mögen:

| | |
|---|---|
| **fried catfish & hush puppies —** panierter Wels & Maismehlbällchen | freid kätfisch änd haschpapies |
| **blackened (red)fish** — Rotbarsch mit Creol-Cajun-Gewürzen, typisch für den Süden | bläknd (räd)fisch |
| **clam chowder & oyster crackers —** Muschelsuppe und ungesalzene Cracker | klämtschauder änd ojßter kräkerß |
| **steamed mussels —** gedämpfte Miesmuscheln | ßtiehmd maßls |

| | |
|---|---|
| boijld lobßter | **broiled lobster** — gegrillter Hummer |
| grild trauwt/ßwordfisch | **grilled trout/swordfish —** gegrillte Forelle/Schwertfisch |
| ojßter bißk | **oyster bisque** — Austern-Cremesuppe |
| kadfisch | **codfish** — Klippfisch („Kabeljau") |
| ßämon/lokß | **salmon/lox** — Lachs/Räucherlachs |
| krowfisch | **crawfish** — Süßwasser-Schellfisch |
| ßkälepß | **scallops** — Jakobsmuscheln |
| kräbs | **crabs** — Krebse |
| schrimp krie\|ol | **shrimp Creole** — Garnelen kreolischer Art |

Zu Ihrer Mahlzeit möchten Sie bestimmt etwas trinken. Wasser haben Sie ja ohnehin schon umsonst auf dem Tisch stehen, aber vielleicht möchten Sie noch:

| | | |
|---|---|---|
| eißtie | **iced-tea** | Eistee |
| woder | **water** | Wasser (ohne Kohlensäure) |
| milk (schäjk) | **milk (shake)** | Milch (mit Speiseeis) |
| fruwtdschuß | **(fruit) juice** | (Frucht-) Saft |
| dschindscheräjl | **ginger ale** | Ingwer-Limonade |
| ruwtbier | **root beer** | „Wurzel"-Limonade |
| kowk | **coke** | Coca Cola |
| ßaftdrink | **soft drink** | Limonade |

**Small, medium or large?**
ßmol, miedjem or lardsch
*klein, mittel oder groß*
Klein, mittel oder groß?

Diese Frage stellt man Ihnen in Bezug auf Cola und andere Limonaden, Kaffee, aber auch Ihre Portion Fritten. Zum gesünderen Ernähren:

| fat free | 0% Fett (Milchprodukte) | fätfriej |
| low fat | fettarm (Milchprodukte) | lowfät |
| low cholesterol | wenig Cholesterin | low keläßterel |
| diet | ohne Zucker (Getränke) | deijet |
| light | alkoholfrei / -reduziert | leit |
| caffeine free | koffeinfrei (Cola) | käffien friej |
| decaf | entkoffeiniert (Kaffee) | die \| käf |
| lean | kalorienarm (Gerichte) | lien |
| kosher | rein (n. jüdischer Regel) | kowscher |
| no preservatives | keine Konservierungs-mittel | nowprießörvedivs |

Wenn Sie eine normale Cola oder einen
schwarzen Kaffee bestellen möchten, nennt
sich das regular rägjeler — normal.

Wenn Sie über 21 Jahre alt sind, können
Sie auch etwas Alkoholisches bestellen:

| beer | Bier | bier |
| (red/white) wine | (Rot-/Weiß-) Wein | räd/weit wein |
| champagne | Champagner, Sekt | schempäjn |
| (wine) cooler | Schaumwein mit Saft | weinkuwler |
| bourbon whiskey | Bourbon Whiskey | börben wißkiej |
| scotch whiskey | Scotch Whiskey | ßkotsch wißkiej |
| cocktail | Mixgetränk | koktäjl |
| eggnogg | Eierlikör, zu Weih-nachten selbst gemacht | äggnok |
| mulled wine | Glühwein (Weihnachten) | mald wein |

🔊 **Please bring me a scotch.**
plies bring mie eßkotsch
*bitte bring mir einen Scotch*
Bringen Sie mir bitte einen Scotch.

| | | |
|---|---|---|
| ßträjt | **straight** | ohne Eis (Alkohol) |
| onôe rokß | **on the rocks** | auf Eis (Alkohol) |
| wiðauwt eiß | **without ice** | ohne Eis (Cola, Limo) |
| ekännef | **a can of** | eine Dose |
| eboddelef | **a bottle of** | eine Flasche |
| epitschref | **a pitcher of** | eine Kanne (Bier, Wasser) |
| egläßef | **a glass of** | Glas |

### How was your meal? 🔊

hauwos jermiel?
*wie war deine Mahlzeit*
Hat es Ihnen geschmeckt?

### Delicious! I'm stuffed now though. 🔊

delischeß eim ßtafdnauw ðow
*deliziös ich'bin vollgestopft jetzt jedoch*
Hervorragend. Jetzt bin ich aber satt.

### Can I get you anything else? 🔊

kännei gätje ännieðin älß
*kann ich holen dir irgendwas anders*
Möchten Sie noch etwas?

| **dessert** | diesört | Nachtisch |
|---|---|---|

| | | |
|---|---|---|
| piekän peij | **pecan pie** | Pecannuss-Kuchen |
| bluwberie peij | **blueberry pie** | Blaubeerkuchen |
| äplpeij | **apple pie** | Apfelkuchen |
| (ala mowd) | **(à la mode)** | (mit Vanilleeis) |
| kie leimpeij | **key lime pie** | Limettenkuchen |
| käjk (wið froßting) | **cake (with frosting)** | Kuchen mit Zuckerguss |
| (tscheklet tschip) | **(chocolate chip)** | (Schokoladen)kekse |
| kukkies | **cookies** | |

| brownie | Schokoladenschnitte | brauwniej |
|---------|---------------------|-----------|
| **cobbler** | Fruchtkuchen | kabbler |
| **jello** | Pudding | dschälow |
| **ice cream** | Eiscreme | eißkriem |
| **sundae** | Eisbecher mit Sauce, Sahne & Streuseln | ßanndäj |
| **fruit** | Obst | fruwt |

Zum Thema Früchte und Eiscreme jedoch mehr im Kapitel „Shopping". Dort finden Sie auch alles zum Thema Süßigkeiten.

🖫 **It was too much. Can you wrap that please?**
itwos tuw matsch kännje räp ðäd plies
*es war zu viel kannst du einpacken das bitte*
Es war zu viel. Können Sie das einpacken, bitte?

🖫 **No, can I have the check please?**
now kännei häv ðe tschäk plies
*nein kann ich haben die Rechnung bitte*
Nein, bringen Sie bitte die Rechnung.

*Sie sollten immer 15 - 20% der Rechnung als Trinkgeld* (tip tip) *auf dem Tisch liegen lassen, denn das ist das Haupteinkommen der* waiter wäjder *(Kellner) und* waitress wäjtriß *(Kellnerin).*

Im Kino oder auf der Couch bei Freunden gibt es vielleicht:

| **(buttered) popcorn** | Salzpopcorn (mit zerlassener Butter) | (baderd) popkorn |
|------------------------|--------------------------------------|------------------|
| **nachos with cheese** | Maischips + Käsesoße | natschows wið tschies |
| **bagel chips** | Brötchen-Chips | bäjgl schipß |
| **potato chips** | Kartoffelchips | petäjdow schipß |
| **pretzels** | kleine Laugenbrezeln | prätsls |
| **crackers with dip** | salzige Kekse mit Dip | kräkerß wið dip |

## Shopping

**N**ummer Eins der Freizeitvergnügen ist für Amerikaner und Besucher: shopping schapin (Einkaufen) in der mall mowl — riesige überdachte Einkaufszentren mit Parkplätzen wie bei Ikea. Einkaufsstraßen oder Fußgängerzonen in den Innenstädten gibt es so gut wie gar nicht. Man kauft in der mall ein, und da ertönt in jedem Geschäft sofort eine Stimme:

| **Can I help you?** | **Yes, do you have ... ?** |
|---|---|
| kännei hälpje | jäß dje häv |
| *kann ich helfen dir* | *ja tust du haben* |
| Kann ich Ihnen helfen? | Ja! Haben Sie ... ? |

**No, I'm just looking.**
now eim dschaßt lukin
*nein ich'bin nur schauend*
Nein danke, ich schaue mich nur um.

*Die Ware ist immer ohne Mehrwertsteuer —sales tax ßäls täkß— ausgewiesen, die kommt erst an der Kasse hinzu!*

| | |
|---|---|
| **shopping mall**<br>schapin mowl | überdachtes Einkaufszentrum |
| **convenience store**<br>konvienjenß ßtor | 24 Stunden geöffneter Laden mit allem, was man dringend braucht |
| **drugstore**<br>dragßtor | Mischung aus Drogerie und Apotheke |
| **department store**<br>diepartment ßtor | Kaufhaus (z.B. K-mart, Walmart) |
| **express lane**<br>ikßpreß läjn | Kasse für Eilige mit nur 3 - 4 items eitems (Teile) |

| | | |
|---|---|---|
| **grocery store** | growscherie ßtor | Supermarkt |
| **liquor store** | likker ßtor | Spirirituosen-geschäft |
| **jeweler's** | dschuwelers | Juwelier |
| **bookstore** | bukßtor | Buchhandlung |
| **market** | market | Markt |
| **bakery** | bäjkerie | Bäcker |
| **gift shop** | giftschap | Souvenirladen |
| **butcher** | butscher | Metzger |
| **cashier** | käschier | Kasse |
| **sales** | ßäjls | Ausverkauf |

*Im* grocery store *packt Ihnen meist ein freundlicher Mitarbeiter Ihr Eingekauftes in eine braune Papiertüte.*

🔊 **How much is it?**　　**I'll take this one.**
hauw matsch isitt　　eiltäjk ðißwuann
*wie viel ist es*　　*ich'werde nehmen dies eins*
Wie viel kostet das?　　Das nehme ich.

🔊 **Do you have any less expensive ones?**
dje häv ännie läß ikßpänßiv wuanns
*tust du haben irgendein weniger teuer solche*
Haben Sie auch preiswertere?

🔊 **Cash or charge?**
käsch or tschardsch
*bar oder belasten*
Bar oder per Kreditkarte?

*Ohne Kreditkarte — credit card krädid kard — können Sie sich in den USA kein Auto mieten und müssen viel zu viel Bargeld mit sich herumschleppen, denn die größte Banknote ist $100!*

### Kleidung kaufen

🔊 **I'd like to try this on.**
eid leikte treij ðiß on
*ich'würde mögen zu probieren dies an*
Ich würde das gerne anprobieren.

# Shopping

**How does it fit?**
hauw dasit fit
*wie tut es passen*
Wie sitzt es?

**Do you like it?** 🔊
dje leikitt
*(tust) du mögen es*
Wie finden Sie es?

*Kleidergrößen sind in den USA ein wenig anders als bei uns. Bei T-Shirts kennt man die Einteilung in:*

**It's great! I like it.**
itß gräjt ei leikitt
*es'ist großartig ich mag es*
Es ist super. Ich mag es.

**It looks very nice.** 🔊
id lukß väriej neiß
*es aussieht sehr schön*
Es sieht sehr gut aus.

S = small
ßmol
= *klein,*

**It's too small/big/short/long/tight/baggy.** 🔊
ittß tuwßmol/big/schort/long/teit/bäggie
*es'ist zu klein/groß/kurz/lang/eng/weit*
Es ist zu klein/groß/kurz/lang/eng/weit.

M = medium
miedjem
= *mittel,*

L = large
lardsch
= *groß,*

**My (european) size is ...** 🔊
mei (jurepiejen) ßeis is
*meine europäische Größe ist*
Ich habe (die europäische) Größe ...

XL = extra large
ikßtra lardsch
= *extra groß).*

**Do you have this one in large/small/blue?** 🔊
dje häv ðißwuann in lardsch/ßmol/bluw
*tust du haben dies eine in groß/klein/blau*
Haben Sie dieses noch in Größe L,S / in blau?

*Alle Farben können Sie kombinieren mit* **dark** dark – *dunkel, oder* **light** leit – *hell.*

| colors | kalers | Farben | | | |
|--------|--------|--------|--------|--------|--------|
| **white** | weit | weiß | **black** | bläk | schwarz |
| **gray** | gräj | grau | **silver** | ßilver | silber |
| **pink** | pink | rosa | **bronze** | brans | bronze |
| **purple** | pörpl | lila | **yellow** | jällow | gelb |
| **red** | räd | rot | **brown** | brauwn | braun |
| **blue** | bluw | blau | **green** | grien | grün |
| **gold** | gowld | gold | **orange** | orinsch | orange |

## clothes  klows  Kleidungsstücke

| | | | |
|---|---|---|---|
| **bandanna** | bändäne | Sonnenschutztuch | *Die richtigen* |
| **belt (buckle)** | bält (bakl) | Gürtel(Schnalle) | *Kleidungs- und* |
| **bikini** | biekieniej | Bikini | *Schuhgrößen sind so* |
| **blue jeans** | bluw dschiens | Jeans | *kompliziert aufgeteilt* |
| **boots** | buwtß | Stiefel | *nach Männern, Frauen* |
| **bra** | bra | BH | *und nach Art des* |
| **cap** | käp | Kappe | *Kleidungsstückes,* |
| **coat** | kowt | Mantel | *dass man sich am* |
| **dress** | dräß | Kleid | *besten im Geschäft* |
| **gloves** | glavs | Handschuhe | *beraten lässt.* |
| **hat** | hät | Hut | |
| **jacket** | dschäket | Jacke | |
| **pants** | päntß | Hose | |
| **(panty) hose** | (päntie) hows | Strumpfhose | |
| **rain gear** | räjn gier | Regenkleidung | |
| **sandals** | ßändels | Sandalen | |
| **shirt** | schört | Hemd | |
| **shoes** | schuws | Schuhe | *Fragt man nach einem* |
| **shorts** | schortß | kurze Hose | shirt, *wird man* |
| **skirt** | ßkört | Rock | *gefragt:* |
| **sneakers** | ßniekers | Turnschuhe | long or short sleeves |
| **socks** | ßokß | Socken, Strümpfe | long or schort ßlievs |
| **suit** | ßut | Anzug, Kostüm | *lange oder kurze* |
| **sweater** | ßwädder | Pullover | *Ärmel?* |
| **swim suit** | ßwim ßut | Badehose, -anzug | |
| **tie** | tei | Krawatte | |
| **turtle neck** | tördl näk | Rollkragenpulli | |
| **tuxedo** | takßiedow | Anzug (3-tlg) | |
| **T-shirt** | tie\|schörd | T-Shirt | |
| **underwear** | annerwär | Unterwäsche | |
| **vest** | wäßt | Weste | |

### What kind of material is this?

wad keindef metieriejel is ðiß

*was Art von Material ist dies*

Aus welchem Material ist das?

| **cotton** | kottn | Baumwolle |
|---|---|---|
| **silk** | ßilk | Seide |
| **(lambs)wool** | (lämß)wuhl | (Schafs-)Wolle |
| **synthetics** | ßinnðädikß | synthetisch |
| **fleece** | fließ | Fleece |
| **linen** | linnen | Leinen |
| **leather** | läðer | Leder |

### Was Sie vielleicht dringend brauchen ...

... ist typischerweise etwas Wichtiges zur Körperpflege oder ein Päckchen Zigaretten.

### I'd like ...

eidleik

*ich'würde mögen*

Ich hätte gern...

| | | |
|---|---|---|
| epießef | **a piece of** | ein „Stück" (Seife) |
| ekapelef | **a couple of** | ein paar ... |
| ßamm/efjuw | **some/a few** | einige |
| ekänef | **a can of** | eine Dose/Konserve |
| epäkef | **a pack of** | eine Schachtel (Zigaretten) |
| epäref | **a pair of** | ein Paar (Hose, Brille, Schere) |
| erowlef | **a roll of** | ein Röllchen (Film) |
| ebaddelef | **a bottle of** | eine Flasche (Shampoo) |
| etubef | **a tube of** | eine Tube (Zahnpasta) |
| ebokßef | **a box of** | eine Schachtel (Streichhölzer) |

| | | |
|---|---|---|
| **adhesive tape** | ädhiesiv täjp | Klebeband |
| **chapstick** | tschäpßtik | Lippenpflegestift |
| **cigarettes** | ßigeretß | Zigaretten |
| **condom** | kondem | Kondom |
| **deodorant** | die\|owderent | Deo |
| **detergent** | dietördschent | Waschmittel |
| **diaper** | deiper | Windel |
| **envelope** | änvelop | Briefumschlag |
| **flipflops** | flipflopß | Badelatschen |
| **glue** | gluw | Klebstoff |
| **matches** | mätscheß | Streichhölzer |
| **mosquito repellent** | moßkido riepällent | Mückenschutz-mittel |
| **needle** | niedl | Nadel |
| **razor blade** | räser bläjd | Rasierklinge |
| **saline solution** | ßälein ßoluschen | Kochsalz-lösung |
| **sanitary napkin** | ßännitäriej näpkin | (Damen)Binde |
| **scissors** | ßisers | Schere |
| **shampoo** | schämpuw | Shampoo |
| **shoelace** | schuläjß | Schnürsenkel |
| **skin lotion** | ßkin lowschen | Hautcreme |
| **soap** | ßowp | Seife |
| **(sun)glasses** | (ßan)gläßeß | (Sonnen)Brille |
| **suntan lotion** | ßanntän lowschen | Sonnencreme |
| **tampon** | tämpon | Tampon |
| **thread** | ôräd | Faden |
| **tissue** | tischu | Taschentuch |
| **tobacco** | tebäkow | Tabak |
| **toothbrush** | tuôbrasch | Zahnbürste |
| **toothpaste** | tuôpäjßt | Zahnpasta |

with filter wiô filter
*mit Filter*

with factor wiô fäkter
*mit Faktor*

Sie brauchen noch Film für Ihre Kamera?

| | | |
|---|---|---|
| *Farbfilm* | **color print film** | kallerprint film |
| *Schwarzweißfilm* | **black & white film** | bläknweid film |
| *Diafilm* | **slide film** | ßleid film |
| *24/36 Bilder* | **24/36 exposures** | 24/36 ikßpowschers |
| *... ASA* | **... ASA** | äj \| äß \| äj |
| *Batterie* | **battery** | bädderie |
| *Super VHS Bänder* | **super VHS tape** | ßuper vie \| äjtsch \| eß täjp |
| *Video 8 Bänder* | **video 8 tape** | widejow äjt täjp |

### Lebensmittel einkaufen

Hier nenne ich nur die Lebensmittel, die nicht schon im Kapitel „Essen & Trinken" vorkamen. Diese Liste hilft Ihnen auch beim Verstehen der unzähligen Eissorten ice cream flavors eißkriem fläjvers, die es in den USA gibt.

frozen yogurt
frowsn jegert
*Jogurteis*

### Which flavor would you like?

popsicle papßikl
*Wassereis*

witsch fläjver wudje leik
*welchen Geschmack würdest du mögen*
Welche Sorte möchten Sie?

sherbet schörbet
*Sorbet*

| **Cup or cone?** | **How many scoops?** |
|---|---|
| kap or kown | hauw männie ßkuwpß |
| *Becher oder Hörnchen* | *wie viele Löffel* |
| Becher oder Waffel? | Wie viel Bällchen? |

sundae ßanndäj
*Eisbecher mit Soße*

| **With hot fudge?** | **Which topping?** |
|---|---|
| wið hat fadsch | witsch topping |
| *mit heiß Soße* | *welche Garnierung* |
| Mit warmer Schokosoße? | Welche Streusel? |

| fruits & nuts | fruwtßnnatß | Früchte & Nüsse |
|---|---|---|
| **almond** | ämend | Mandarine |
| **apple** | äppl | Apfel |
| **apricot** | äprekat | Aprikose |
| **banana** | benänä | Banane |
| **berry** | bäriej | Beere |
| **blueberry** | bluwbäriej | Blaubeere |
| **blackberry** | bläkbärioj | Brombeere |
| **Brazil nut** | bresil nat | Paranuss |
| **cashew** | käschuw | Cashew |
| **chocolate** | tschaklet | Schokolade |
| **cranberry** | kränbäriej | Preiselbeere |
| **cherry** | tscheriej | Kirsche |
| **grape** | gräjp | Traube |
| **grapefruit** | gräjpfruwt | Pampelmuse |
| **hazelnut** | häjselnat | Haselnuss |
| **hickory** | hikeriej | Hickory-Nuss |
| **lemon/lime** | lämen/leim | Zitrone/Limone |
| **macadamia** | makedäjmieje | Makadamianuss |
| **melon** | mällen | Melone |
| **orange** | orensch | Apfelsine |
| **peach** | pietsch | Pfirsich |
| **peanut** | pienat | Erdnuss |
| **pear** | pär | Birne |
| **pecan** | piekän | Pecannuss |
| **pineapple** | peinäppl | Ananas |
| **pistachio** | pißtäschjo | Pistazie |
| **plum** | plamm | Pflaume |
| **raspberry** | räsbäriej | Himbeere |
| **sprinkels** | ßprinkels | Streusel |
| **strawberry** | ßtrowbäriej | Erdbeere |
| **tangerine** | tändscherien | Mandarine |
| **walnut** | wolnat | Walnuss |

*Hilfreich bei der Auswahl:*

assorted eßordet
*gemischt*

butter bodor
*Butter-*

candied kändied
*kandiert*

chunk tschank
*Stück*

cookies 'n cream
kukiesnkriem
*mit Keksen, Sahne*

glazed gläst
*mit Zuckerguss*

(honey) roasted
(hannie) rowßted
*(Honig) geröstet*

inshell inschäl
*mit Schale (Nuss)*

(un)salted (an)ßolted
*(un)gesalzen*

### Souvenirs einkaufen

Zu den besten Mitbringseln aus den USA gehört sicherlich die Vielfalt an andersartigen Süßigkeiten, die hier hergestellt werden.

**candy** kändie Süßigkeiten

| | | |
|---|---|---|
| bridl | **brittle** | Karamelisiertes |
| kändie bar | **candy bar** | süßer Riegel |
| tschaklet bar | **chocolate bar** | Schokoriegel |
| gamm dropß | **gum drops** | Weingummi |
| dschällie biens | **jelly beans** | Gummi"bohnen" |
| likeriß | **licorice** | Lakritz |
| leißßäjver | **livesaver** | Pfefferminzbonbon, wörtl: Lebensretter |
| marschmällow | **marshmallow** | eine weiche Süßigkeit, die die Amerikaner über einem offenen Feuer rösten |
| ßolt woder täfiej | **salt water taffy** | Maissirup-Bonbons |
| howmmäjd | **homemade** | hausgemacht |

**jewelry** dschuwelrie Schmuck

| | | |
|---|---|---|
| **earring** | iering | Ohrringe |
| **necklace** | näkleß | Kette |
| **pendant** | pändent | Anhänger |
| **bracelet** | bräjslet | Armband |
| **ring** | ring | Ring |
| **pin** | pin | Brosche |
| **watch (band)** | wotsch (bänd) | Uhr(enband) |
| **brooch** | browsch | Brosche |

🔊 **What's this made of?**
wotß ðiß mäjdef
*was'ist dies gemacht von*
Woraus ist das?

| | | |
|---|---|---|
| **gold** | gowld | Gold |
| **carat** | käret | Karat |
| **platinum** | plätnɛnı | Platin |
| **silver** | ßilver | Silber |
| **sterling** | ßtörling | Silber (925) |
| **plated** | pläjded | vergoldet/-silbert |
| **diamond** | deimend | Diamant, Brilliant |
| **gem** | dschäm | Edelstein |
| **bead** | bied | Perle |
| **pearl** | pörl | echte Perle |
| **brass** | bräß | Messing |
| **copper** | kopper | Kupfer |
| **pewter** | pjuter | Zinn |
| **steel** | ßtiel | Stahl |
| **porcelain** | powrßelen | Porzellan |
| **stoneware** | ßtownwär | Steingut |
| **redware** | rädwär | Terracotta |
| **glass** | gläß | Glas |
| **plastic** | pläßtik | Plastik |
| **wood** | wudd | Holz |

*Wenn Sie richtig
typisch amerikanische
Souvenirs suchen,
achten Sie auf alles,
was sich Handarbeit
nennt:*

hand- händ- *hand-*
&

made mäjd *gemacht*
crafted kräfted *gearbeitet*
carved karvd *geschnitzt*
knitted nidded *gestrickt*
woven wowven *gewebt*

Sollte etwas kaputtgegangen sein, können Sie
fragen, ob man Ihnen das reparieren kann:

🔊 **This broke, can you fix it?**
ðiß browk, kännje fikßitt
*dies brach, kannst du reparieren es*
Das ist kaputt, können Sie es reparieren?

| crafts | kräftß | Handwerk |
|--------|--------|----------|

Ganz traditionelle Souvenirs finden Sie bei den Indianern.

| | | |
|---|---|---|
| bäßket | **basket** | Korb |
| bonnet | **bonnet** | Häuptlingsgefieder |
| bownärow | **bow & arrow** | Bogen und Pfeil |
| drams | **drums** | Trommel |
| fäjtisch (doll) | **fetish (doll)** | Fetisch (Puppe) |
| mokeßinß | **moccasins** | Wildlederschuhe |
| piespeip | **peace pipe** | Friedenspfeife |
| rag | **rug** | Teppich |
| ßänd päjnting | **(sand) painting** | (Sand) Bild |
| ßkall | **skull** | Schädel |
| ßpirit tschäßer | **spirit chaser** | Geisterfänger |
| tomehowk | **tomahawk** | Wurf-Axt der Indianer |

Weitere traditionelle Souvenirs aus der Zeit der
ersten Einwanderer finden Sie bei den Amish
settlement  ämisch ßätlment  — Amisch-Siedlun-
gen — in Ohio oder Pennsylvania. Sie haben bis
heute eine recht „altmodische" Lebensart auf-
rechterhalten. Ein paar traditionelle und mo-
derne Souvenirs aus Amerika:

| | | |
|---|---|---|
| **christmas stocking** | Weihnachtsstrumpf, an den Kamin hängen für Geschenke. | krißmeß ßtoking |
| **baseball (bat/mitt)** | Baseball (Schläger/ Fanghandschuh) | bäjßbol bät/mit |
| **bull whip** | Bullen-Peitsche | bullwip |
| **cowboy hat/boots** | Cowboy-Hut/Stiefel | kauwboi hät/buwtß |
| **coffee mug** | Kaffeebecher | kaffie mag |
| **football** | Fußball à la Amerika | futbal |
| **hammock** | Hängematte | hämmek |
| **mailbox** | Briefkasten | mäjlbokß |
| **pottery** | Keramik | podderiej |
| **quilt** | Steppdecke genäht in Patchwork-Technik | kwilt |
| **refrigerator magnet** | Kühlschrank-Magnet | refridscheräder mägnet |
| **rocking chair** | Schaukelstuhl | rowkin tschär |
| **chaps** | Cowboy-Lederhose | schäpß |
| **spur (straps)** | Spore (n-Schnalle) | ßpowr (ßträpß) |
| **wheelbarrow** | Holzschubkarre | chwielbärow |
| **wooden toys** | Holzspielzeug | wudden tois |

# Unterwegs

## Unterwegs

**D**amit Sie Land und Leute kennenlernen, müssen Sie große Entfernungen zurücklegen.

| | |
|---|---|
| this area | **I'd like a map of the city, please.** |
| ðiß ärieja | eid leike mäpef ðe ßiddie plies |
| *dieses Gebiet* | *ich würde mögen eine Karte von die Stadt, bitte* |
| | Ich möchte gerne einen Stadtplan, bitte. |
| | |
| downtown LA | |
| dawntauwn äl \| äj | Wohin Sie auch wollen, Sie müssen sicherlich |
| *Los Angeles Zentrum* | einmal nach dem Weg fragen: |
| | |
| the Bay Area | **Excuse me, how do I get to … ?** |
| ðe bäj ärieja | ikßkjuws mie hauw duwei gätte … |
| *Küste Kaliforniens* | *enschuldige mich wie tu ich kommen zu …* |
| | Entschuldigung, wie komme ich zu …? |
| | |
| the Great Lakes | |
| ðe gräjt läjkß | **Where can I find a car rental?** |
| *die Großen Seen* | wär kännei feind ekar räntell |
| | *wo kann ich finden ein Auto Vermietung* |
| the Yellowstone Park | Wo ist eine Autovermietung? |
| ðe jälowßtown park | |
| *der Yellowstone Park* | **Straight down this road, …** |
| | ßträjtdauwn ðiß rowd |
| the Grand Canyon | *geradeaus runter diese Straße* |
| ðe grän känjen | Geradeaus diese Straße herunter, … |
| *der Grand Canyon* | |
| | **… then take a left/right at the intersection.** |
| Key West | ðän täjk eläft/ereit ät ðie interßekschen |
| kiej wäßt | *dann nehme ein links/rechts an der Kreuzung* |
| *Key West (Florida)* | … dann nach links/rechts an der Kreuzung. |

🔊 **How long does it take to get there?**
hauw long dasitt täjkte gät ðär
*wie lang tut es nehmen zu bekommen dort*
Wie lange braucht man bis dort?

*Bei einer*
*Wegbeschreibung*
*wird gerne*
*unterteilt in:*

🔊 **Can you show it to me on the map?**
kännje schowit temie on ðe mäp
*kannst du zeigen es zu mir auf die Karte*
Können Sie mir das auf der Karte zeigen?

first ... then/next
förß ... ðän/näkß
*zuerst ... dann/nächste*

here ... there
hier ... ðär
*hier ... dort*

| | | |
|---|---|---|
| **(on the) left** | (onðe) läft | links (Seite) |
| **(on the) right** | (onðe) reit | rechts (Seite) |
| **straight (ahead)** | ßträjt(ehäd) | geradeaus |
| **up** | ap | (hin)auf |
| **down** | dauwn | herunter |
| **at** | ät | bei, an |
| **from/to(ward)** | fram/tu(word) | von/zu, bis |
| **thru/through** | ðru | durch |
| **next to** | näkßte | neben |
| **close to** | klowßte | in Nähe von |
| **near(by)** | nierbei | in der Nähe |
| **far (away)** | far(ewäj) | weit (weg) |
| **(a bit) further** | (ebit) förðer | (etwas) weiter |
| **across** | ekroß | (gegen)über |
| **in front of** | infrannef | vor |
| **behind** | bieheind | hinter |
| **after** | äfter | hinter, nach |
| **back** | bäk | zurück |
| **under(neath)** | anner(nieð) | unter |
| **(cross) over** | (kroß)owver | über(queren) |
| **above** | ebav | über, oben |
| **inside** | inßeid | innen |
| **outside** | auwtßeid | außen |

# Unterwegs

Das kombiniert mit einigen landmarks ländmarkß
— Orientierungspunkte.

*Bei Richtungsangaben ver-*
*weist man auch*
*gerne auf die Farbe*
*eines Gebäudes, siehe*
*im Kapitel „Shopping".*

*Für „Straße" gibt*
*es viele Begriffe:*
alley (Aly) älliej
avenue (Ave) ävenu
boulevard (Blvd) bulevar
court (Ct) kort *(Platz)*
drive (Dr) dreiv
lane (Ln) läjn
place (Pl) pläjß *(Platz)*
road (Rd) rowd
square (Sq) ßkwär *(Platz)*
street (St) ßtriet
way (Wy) wäj

| | | |
|---|---|---|
| **big building** | big billding | großes Gebäude |
| **bridge** | bridsch | Brücke |
| **bus stop** | baßtop | Bushaltestelle |
| **cathedral** | käðiedrel | Kathedrale |
| **church** | tschörtsch | Kirche |
| **corner** | korner | Ecke |
| **crosswalk** | kroßwok | Zebrastreifen |
| **curve** | körv | Kurve |
| **dead end** | dädännd | Sackgasse |
| **detour** | dietuwr | Umleitung |
| **district** | dißtrik | Bezirk |
| **downtown** | dauwntauwn | Innenstadt |
| **exit** | äkßitt | Ausfahrt |
| **factory** | fäkteriej | Fabrik |
| **hill** | hill | Hügel |
| **hospital** | hoßpidl | Krankenhaus |
| **hotel** | howtäll | Hotel |
| **intersection** | interßäkschen | Kreuzung |
| **junction** | dschankschen | Kreuzung |
| **lights** | leitß | Ampel |
| **museum** | mjusiejem | Museum |
| **one-way street** | wuanwäj ßtriet | Einbahnstraße |
| **park** | park | Park |
| **parking** | parking | Parkplatz |
| **railroad tracks** | räjlrowd träkß | Bahnschienen |
| **sign** | ßein | Schild |
| **station** | ßtäjschen | Bahnhof |
| **tower** | tauwer | Turm |
| **turnpike** | törnpeik | Mautstation |
| **tunnel** | tannel | Tunnel |

Für Straßen, Himmelsrichtungen und Plätze gibt es Abkürzungen auf Karten. Die Stadtautobahn heißt **expressway (Expwy)** ikßpreßwäj, die Autobahn **freeway (Fwy)** friewäj, die Schnellstraße **parkway (Pkwy)** parkwäj, wenn die Straße über Wasser führt **causeway (Cswy)** kowswäj, Bundesstraßen, wie die berühmte **Route 66** ruwt ßikßtie ßikß, heißen **interstate (I)** interßtäjt und - **highway (Hwy)** heiwäj.

*Straßen werden oft in Abschnitte unterteilt:*
N = **North** norð *Nord*
W = **West** wäßt *West*
S = **South** ßauwð *Süd*
E = **East** ießt *Ost*
Upper **apper** *oberer*
Lower lower *unterer*

Egal, ob Sie mit Flugzeug, Zug, Langstreckenbus oder Schiff verreisen wollen, dieses Vokabular gilt für alle:

🌀 **Is there a bus/flight service to …?**
is ðäre bas/fleit ßörviß te
*ist dort ein Bus/Flug Dienst zu*
Gibt es einen Bus/Flug nach …?

🌀 **When is the next/last train to …?**
wännß ðe näkßd/läjßd träjn tuh
*wann ist der nächste/letzte Zug nach*
Wann geht der nächste/letzte Zug nach …?

🌀 **(Where) do I have to change trains/busses?**
(wär) duwei hävte tschäjnsch träjns/baßeß
*(wo) tue ich haben zu wechseln Züge/Busse*
(Wo) muss ich umsteigen?

🌀 **Can you tell me when we're there, please.**
känje tälmie wänn wier ðär plies
*kannst du erzählen mir wenn wir'sind da bitte*
Können Sie mir Bescheid geben, wenn wir da sind, bitte?

### How long does the trip/flight take?
hauw long das ðe trip/fleijt täjk

*wie lang tut der Reise/Flug nehmen*

Wie lange dauert die Reise/der Flug?

*Man kann sein Gepäck in amerikanischen Langstreckenzügen wie am Flughafen aufgeben. Auch hier darf das Gepäck nicht schwerer als 75 lbs. sein! Mit dem Gepäckschein — claim check kläjm tschäk — bekommt man es an der Gepäckausgabe innerhalb von 30 Min. nach Ankunft wieder.*

| fare | fär | Ticketpreis |
|---|---|---|
| ticket | tikit | Fahr-/Flugschein |
| one-way | wuannwäj | einfache Fahrt |
| round-trip | rauwnd trip | hin- und zurück |
| reservation | räservajschen | Reservierung |
| schedule | ßkädjell | Fahrplan |
| delayed | dieläjd | verspätet |
| destination | däßtenajschen | Zielort |
| departure | diepartschr | Abfahrt |
| arrival | ereivl | Ankunft |
| connection | kenäkschen | Verbindung |
| check in | tschäkin | einchecken |
| boarding pass | bowrdin päß | Bordkarte |
| first/second class | förß/ßäknd kläß | erste/zweite Klasse |
| passenger | päßendscher | Passagier |
| reclining | riekleinin | verstellbar |
| window | window | Fenster |
| aisle | eil | Gang |
| seat | ßiet | Sitz |
| reserved | riesörvd | reserviert |
| on board | onbowrd | an Bord |
| non-smoking | nonßmowkin | Nicht-Raucher |
| occupied | okjepeid | besetzt (Toilette) |
| baggage claim | bägidsch kläjm | Gepäckausgabe |
| desk | däßk | Schalter |

⟲ **Is this seat taken?**
iß ôiß ßiet tájkn
*ist dieser Sitz besetzt*
Ist hier frei?

**How much is it to ...?**
hauwmuch isitt te
*wie viel ist es zu*
Wie viel macht es nach...?

---

**by bus & train** bei bass & träjn mit Bus & Bahn

AMTRAK ämträk bietet überregionale Zugver-
bindungen an, und Greyhound gräjhauwnd ist
eine bekannte Reisebusgesellschaft. Für Kurz-
strecken gibt es Nahverkehrszüge, Straßen-
bahnen, U-Bahnen und Busse.

| subway | ßabwäj | U-Bahn |
|---|---|---|
| **cable car** | käbl kar | Frisco-Straßenbahn |
| **airtrain** | ärträjn | Schwebebahn |
| **platform** | plätform | Plattform |
| **track** | träk | Gleis |
| **sleeper** | ßlieper | Schlafwagen |
| **dining car** | deinin kar | Speisewagen |
| **auto train** | adow träjn | Autowagen |
| **terminal** | törminel | Busbahnhof |
| **bus stop** | baßtop | Bushaltestelle |
| **line** | lein | Linie |

*Zur Benutzung der* subway *in New York müssen Sie sich einen* token towkn *— Eintrittsmünze — oder die* Metrocard mätrowkard *(U-Bahn-Kreditkarte ) kaufen.*

---

**by taxi/cab** bei täkßie/käb mit dem Taxi

⟲ **To the airport/train station, please.**
tuw ôie äjrpowrt/treijn ßtäjschen plies
*zu der Flughafen/Zug Bahnhof bitte*
Zum Flughafen/Bahnhof, bitte.

*Es ist üblich, dem — cab driver* käb dreiver *—Taxifahrer 15% des Fahrpreises als Trinkgeld zu geben.*

## Unterwegs

*Es gibt auch besondere* Achten sie darauf, dass Ihr Taxi — metered
*Taxis, wie die* miederd — mit Taxameter ausgestattet ist, dann
*Limousine —* haben Sie einen Überblick darüber, was Sie
limousine limosien am Ende bezahlen müssen.
*& das Pendeltaxi —*
shuttle schatl. **Could you stop here, please?**
kudje ßtop hier plies
*kannst du halten hier bitte*
Bitte halten Sie hier an.

| | **by plane** bei pläjn mit dem Flugzeug | |
|---|---|---|
| ärport | **airport** | Flughafen |
| törminel | **terminal** | Halle |
| gäjt | **gate** | „Tor" |
| fleit namber | **flight number** | Flugnummer |
| iekanemiej | **economy (class)** | Touristen(klasse) |
| bisniß | **business (class)** | Geschäfts(klasse) |
| ie \| tikit | **e-ticket** | elektronisches Ticket |
| käriejon bägedsch | **carry-on baggage** | Handgepäck |
| kanförm | **confirm** | bestätigen (Flug) |
| känßell | **cancel** | stornieren |
| fleitetänndend | **flight attendant** | Steward(ess) |
| friekwent fleijer | **frequent flyer** | Vielflieger |
| apgräjd | **upgrade** | „Aufwertung", z.B. business statt economy |
| är ßikneß bäg | **air sickness bag** | Kotztüte |

**Do you have anything to declare?**
dje häv ännieðing tedieklär
*tust du haben irgendetwas zu verzollen*
Haben sie etwas zu verzollen?

🔊 **Open the suitcase/bag, please.**
owpen ðe ßutkäjß plies
*öffnen den Koffer/Tasche bitte*
Öffnen Sie den Koffer/die Tasche, bitte.

| **by boat/ship** | bei bowt/schip | mit dem Schiff |
|---|---|---|
| **cabin** | käbin | Kabine |
| **deck** | däk | Deck |
| **lifeboat** | leifbowt | Rettungsboot |
| **life jacket** | leif dschäkit | Schwimmweste |
| **pier** | piejr | Landesteg |
| **port/harbor** | powrt/harber | Hafen |
| **sea sick** | ßiejßik | seekrank |

*Einige Bootarten:*
ferry färiej
*Fähre*
hydrofoil heidrefoil
*Tragflächenboot*
hovercraft haverkräft
*Luftkissenboot*
sailboat ßäjlbowt
*Segelschiff*
steamboat ßtiembowt
*Dampfschiff*
yacht jawt
*Yacht*

**How long does the cruise/crossing take?**
hauw long das ðe krus/kroßin täjk
*wie lange tut die Fahrt/Überfahrt nehmen*
Wie lange dauert die Fahrt/Überfahrt?

**car rental** kar räntl Autovermietung

Wenn Sie über 25 Jahre alt sind, eine Kredit-karte besitzen und einen internationalen Führerschein mitgebracht haben, können Sie in den USA ein Fahrzeug mieten.

*Amerikaner können mit 16 Jahren Ihren Führerschein*
— driver's license
dreivers leißenß —
*machen, in NY erst ab 18.*

🔊 **I'd like to rent a ... /an automatic.**
eid leikte ränte ... /enodowmädik)
*ich'würde mögen zu mieten ein ... /ein Automatik*
Ich möchte einen ... /Automatikauto mieten.

| car/vehicle | kar/viehikl | Auto/Wagen |
|---|---|---|
| sedan | sedän | Vier-Türer |
| convertible | konvördebel | Cabrio |
| four wheel drive | forwiel dreiv | Geländewagen |
| station wagon | ßtäjschen wägn | Kombi |
| limo | limow | Limousine |
| motorcycle | mowderßeikl | Motorrad |
| bike | beik | (Motor)Rad |
| RV (recreational vehicle) | ar \| vie (riekriej-äschenel viehikl) | Wohnmobil/ -wagen |
| pickup (truck) | pikap trak | Minilaster |
| truck | trak | LKW |

*Im Flugzeug und im Auto heißt es:*
fasten your seat belt
fäßn jer ßietbält
*oder salopper:*
buckle up  bakelap
— *Schnallen Sie sich an!*

**How many miles are included in the price?**
hauw männie meils ar inkluded in ðe preis
*wie viele Meilen sind inbegriffen in dem Preis*
Wie viel Meilen sind im Preis inbegriffen?

**Is full comprehensive insurance included?**
is ful kompriehännßiv inschurenß inkluded
*ist voll umfassend Versicherung inbegriffen*
Ist eine Vollkaskoversichung enthalten?

*Rechts vor links gibt es nicht. Ist keine Vorfahrtsstraße ausgeschildert, muss jeder anhalten (meist stehen dort Stoppschilder) und derjenige, der als erstes da war, darf auch als erstes wieder losfahren.*

Die Geschwindigkeit misst man in Meilen pro Stunde: mph  meils perauwer. Auf den rechteckigen Schildern mit Geschwindigkeitsbegrenzungen steht speed limit  ßpiedlimmit oder reduce speed  reduß ßpied:

| | | |
|---|---|---|
| **30-35 mph** | in Ortschaften | (48-56 km/h) |
| **35-45 mph** | auf Nebenstraßen | (56-72 km/h) |
| **55 mph** | auf highways | (88 km/h) |
| **65 mph** | auf Interstates | (104 km/h) |

Das Schild **radar control** räjder kontrowl warnt vor Radarkontrollen. Mautstraßen — **toll road** tol rowd — gibt es vor allem in Neu-England. Am **turnpike** törnpeik — der Mautstation — muss man bezahlen.

| **pay toll ahead** päjtol ehäd | Achtung Mautstelle! |
|---|---|
| **exact change** iksäkt tschäjndsch | passendes Kleingeld bereithalten |
| **change given** tschäjndsch givn | Wechselgeld wird gegeben |

**gas station** gäß ßtäschn Tankstelle

Auch an der Tanksäule misst man in den USA mit anderen Maßen, nämlich pro **gallon (gal)** gälen; 1 gallon sind 3,79 Liter. Öl misst man in **quart (qt)** kwort; 1 quart sind 0,94 Liter.

🐦 **Fill it up, please.**
fillidap plies
*füllen es auf bitte*
Bitte volltanken.

**I need 1 quart of oil.**
ei nied wuann kwordef oil
*ich brauche 1 Quart von Öl*
Ich brauche 1 Quart Öl.

🐦 **Could you check oil/water/tire pressure, please?**
kudje tschäk oil/woder/teir präscher plies
*könntest du prüfen Öl/Wasser/Reifendruck bitte*
Können Sie bitte mal nach dem Öl/Wasser/ Reifendruck sehen?

*Generell ist* right turn on red reitt törn onn rädd — *rechts abbiegen bei roter Ampel — erlaubt, außer es ist explizit verboten.*

*Auf der Suche nach einem Parkplatz sollte man Ausschau halten nach:* parking lot/garage parkin lot/gerasch

*Das amerikanische Schild für „Vorfahrt gewähren" sieht so aus, wie in Europa, es steht zusätzlich* yield jield *darauf.*

caution kowschen = „Achtung!"

danger däjndscher =„Gefahr!"

no entry now äntriej = „Keine Einfahrt!"

ped-xing päd kroßing = „Achtung

# Unterwegs

*Zebrastreifen!"*

### What fuel does it take?
wad fjul dasitt täjk
*was Kraftstoff tut es nehmen*
Was tankt das Fahrzeug?

| | | |
|---|---|---|
| **unleaded** | anlädded | bleifrei |
| **regular** | rägjeler | 87 Oktan Benzin |
| **midgrade** | midgräjd | 89 Oktan Benzin |
| **premium** | priemjem | 91 Oktan Benzin |
| **super** | super | Super (91 Oktan) |
| **diesel** | diesl | Diesel |

### breakdown bräjk dauwn Panne

Wenn Sie mit dem Wagen liegen geblieben sind, sollten Sie sich um einen tow truck tow trak kümmern, der Sie zur nächsten Werkstatt — repair shop riepär schop — abschleppt.

### I've got a flat tire/dead battery.
eiv gadde flät teir/däd bäderiej
*ich'habe bekam ein flach Reifen/leere Batterie*
Ich habe einen Platten/leere Batterie.

### The ... is broken / won't work.
ôe ... is browkn / wownt wörk
*der/die/das ... ist kaputt / will-n'icht arbeiten*
Der ... ist kaputt / funktioniert nicht.

### Can you fix it?
känje fikßitt
*kannst du reparieren es*
Können Sie das reparieren?

| | | |
|---|---|---|
| **accelerator** | ikßäleräjder | Gaspedal |
| **battery** | bäderie | Batterie |
| **brakes** | bräjkß | Bremsen |
| **bumper** | bamper | Stoßstange |
| **clutch** | klatsch | Kupplung |
| **fan belt** | fän bält | Keilriemen |
| **first gear** | förßgier | erster Gang |
| **gearshift** | gierschift | Schaltknüppel |
| **headlights** | häd leitß | Scheinwerfer |
| **hood** | hudd | Motorhaube |
| **motor** | mowder | Motor |
| **muffler** | maffler | Auspuff |
| **neutral** | nutrel | kein Gang |
| **radiator** | räjdiejäder | Kühler |
| **reverse** | rievörß | Rückwärtsgang |
| **shift** | schift | schalten |
| **tail light** | täjlleit | Rücklicht |
| **tire/wheel** | teir/wiel | Reifen/Rad |
| **transmission** | tränßmischn | Getriebe |
| **trunk** | trank | Kofferraum |
| **wipers** | weipers | Scheibenwischer |

*Wichtig bei Reisen im
Sommer ist die
Klimaanlage:*
air conditioning (AC)
ärkendischening (äj | siej)

Vielleicht möchten Sie aber auch erst einmal Vorbeifahrende um Hilfe bitten:

*Die Telefonnummer für Notfälle ist 911; es sei denn, auf den Straßenschildern ist explizit eine andere angegeben.*

**Hi. Thanks for stopping. My car broke down.**
hei ðängs for ßtopin mei kar browkdown
*tust du haben Springer Kabel(Mz.)*
Hallo. Danke für's Anhalten. Mein Auto ist liegengeblieben.

**Do you have jumper cables?**
dje häv dschamper käjbls
*tust du haben Springer Kabel(Mz.)*
Haben Sie ein Startkabel?

| | | |
|---|---|---|
| **flashlight** | fläschleit | Taschenlampe |
| **fuse** | fjus | Sicherung |
| **pliers** | pleijers | Zange |
| **pry** | preij | Wagenheber |
| **screwdriver** | ßkruwdreivr | Schraubenzieher |
| **spare part** | ßpär part | Ersatzteil |
| **spark plug** | ßparkplag | Zündkerze |
| **tool** | tuls | Werkzeug |
| **water** | woder | Wasser |
| **wrench** | ränsch | Schraubenschlüssel |

**by bike/bicycle** bei beijk/beißikl mit dem Rad

Wenn Sie viel Zeit mitgebracht haben und Sie sich mit dem Fahrrad durch die Staaten bewegen oder auch nur eines gemietet haben, noch ein wenig Vokabular dazu:

| brake | bräjk | Bremse |
| chain | tschäjn | Kette |
| **gearshift lever** | gierschift läver | Schalthebel |
| **handlebars** | händlbars | Lenker |
| **luggage racks** | laggidsch räkß | Gepäckträger |
| **mudguard** | madgard | Schutzblech |
| **pannier** | pännier | Packtasche |
| **pedal** | päddl | Pedal |
| **saddle** | ßäddl | Sattel |
| **spoke** | ßpowk | Speiche |
| **tire repair kit** | teir riepär kitt | Flickzeug |
| **tube** | tub | Schlauch |
| **valve** | välv | Ventil |

---

### **accident** äkßident Unfall

Falls es zu diesem unangenehmen Fall kommen sollte, die passenden Wendungen:

*Zur ärztlichen Versorgung finden Sie mehr im Kapitel „Apotheke & Arzt".*

🔊 **I had an accident.**   **Nobody's injured.**
ei häden äkßiedent      nowbadies injörd
*ich hatte ein Unfall*   *niemand ist verletzt*
Ich hatte einen Unfall.   Keiner ist verletzt.

🔊 **Please call an ambulance!**
plies kowl enämbjelenß
*bitte rufen ein Krankenwagen*
Rufen Sie bitte einen Krankenwagen!

🔊 **Please help me!**
plies hälp mie
*bitte helfen mir*
Bitte helfen Sie mir!

## Übernachten

**I**m allgemeinen sind Zimmer in den USA standardmäßig mit einem Doppelbett ausgestattet. Der Preis gilt pro Zimmer, egal wie viele darin übernachten. Wenn Sie ein Schild sehen mit der Aufschrift no vacancy now väkensie, ist kein Zimmer mehr frei.

| | | |
|---|---|---|
| **hotel** | howtäll | Hotel |
| **motel** | mowtäll | „Autobahn"-Hotel |
| **inn** | inn | kleines Hotel |
| **lodge** | lowdsch | kleines Hotel; Hütte |
| **cabin** | käbin | Hütte |
| **bungalow** | bengelow | Bungalow, Hütte |
| **cottage** | katidsch | Ferienhaus |
| **guesthouse** | gäßthauwß | Gästehaus |
| **(youth) hostel** | (juð) hoßtl | (Jugend)Herberge |
| **bed & breakfast** | bädnbräk- feßt | Gästehaus mit „Kost und Logis" |
| **camp site** | kämp seit | Campingplatz |
| **resort** | riesort | Ferienanlage |
| **apartment** | epartment | Wohnung |
| **suite** | ßwiet | Wohnung; auch: Hotelsuite |
| **farm** | farm | Farm („Bauernhof") |
| **ranch** | ränsch | Ranch (siehe farm) |

**I'd like a room with ... , please.**
eid leike ruhm wið ... plies
*ich'würde mögen ein Zimmer mit ... bitte*
Ich hätte gern ein Zimmer mit ..., bitte.

| a double bed | e dabllbäd | *Doppelbett* |
| a twin size bed | e twinseis bäd | *1 x 2m breites Bett* |
| a queen size bed | e kwienseis bäd | *1,5 x 2,2m Doppelbett* |
| a king size bed | e kingseis bäd | *1,9 x 2,2m Doppelbett* |
| water bed | e woder bäd | *Wasserbett* |
| air-con/a fan | ärkon/e fän | *Klimaanlage/Ventilator* |
| a shower/bathtub | e schauwer/bäôtab | *Dusche/Badewanne* |
| a jacuzzi/whirlpool | e dschekuwsie/wörlpuwl | *Whirlpool* |

🍺 **Can I see the room please?**
kännei sie ôe ruwm plies
*kann ich sehen das Zimmer bitte*
Kann ich bitte das Zimmer sehen?

🍺 **It's too small. Do you have a bigger one?**
itß tuw ßmol dje häve bigger wuann
*es ist zu klein tust du haben ein größer ein*
Es ist zu klein. Haben Sie ein größeres?

big — smaller
big — ßmoler
*groß — kleiner*

🍺 **Is breakfast included?**
is bräkfeßt inkludid
*ist Frühstück inbegriffen*
Ist Frühstück im Preis inbegriffen?

expensive
— less expensive
ikßpänßiv — läß ikßpänßiv
*teuer — billiger*

🍺 **We serve a free continental breakfast.**
wie ßörve frie kantinäntl bräkfeßt
*wir servieren ein frei kontinentales Frühstück*
Sie bekommen ein Frühstück umsonst.

far-off — closer
faref — klowser
*weit weg — näher*

🍺 **What are your rates (for ...)?**
wodar jer räjtß (for)
*was sind deine Raten für*
Wie viel kosten die Zimmer (für/pro ...)?

| drei Nächte/eine Woche | **3 nights/a week** | ðrie neitß/e wiek |
| ein Auto mit Wohnwagen | **a car with trailer** | e kar wið trailer |
| ein Wohnmobil | **a motorhome** | e modorhowm |
| Mini-Wohnmobil | **a truck camper** | e trak kämper |
| ein Zelt | **a tent** | e tänt |
| ein Motorrad | **a motorcycle** | e moderßeikl |
| zwei Personen | **two people** | tuw piepl |
| Waschen | **laundry service** | londrie ßörviß |

**Please fill out this registration form.**

plies fillauwt ðiß rädschißträjschen form

*bitte füllen aus diese Registrierung Formular*

Bitte füllen Sie das Anmeldeformular aus.

Das steht auf dem Formular:

| single/double | ßin | gl/dabl | Einzel/Doppel |
|---|---|---|
| guest name | gäßt näjm | Name des Gastes |
| address | ädreß | Adresse |
| city/state | ßidie/ßtäjt | Stadt/Bundesstaat |
| zip code | sipkowd | Postleitzahl |
| country | kantrie | Land |
| arrival/departure date | ereivl/dlepartscher däjt | Ankunft-/Abreisedatum |
| number of nights | namberef neitß | Zahl der Nächte |
| credit card name | kräditkard näjm | Kreditkartenhalter |
| credit card type | kräditkard teip | Kreditkartentyp |
| credit card number | kräditkard namber | Kreditkartennummer |
| expiration date | äkßperäjschen däjt | Gültigkeitsdatum |
| signature | ßignetscher | Unterschrift |

🔊 **We're leaving. I'd like to pay, please.**
wier lievin eid leikte päj plies
*wir'sind gehend ich'würde mögen zu zahlen, bitte*
Wir reisen ab. Ich möchte gern zahlen, bitte.

*Übrigens: Dem*
**bell staff** bäl ßtäf
*gibt man pro getragenes*
*Kofferstück $1-2!*

Wenn Sie allerdings eine Beschwerde haben,
etwas suchen oder noch brauchen:

**The ... is missing/broken/dripping.**
ðe ... is mißin/browken/dripin
*das ... ist fehlend/gebrochen/tropfend*
Das fehlt/ist kaputt/ist leck.

🔊 **Do you have ...**      **I need (an additional) ...**
dje häv      ei nied (enedischenel)
*tust du haben*      *ich brauche (ein zusätzlich)*
Haben Sie ...?      Ich brauche (ein Extra-) ...

# Übernachten

*Es empfiehlt sich, für
Ihren Rasieraparat
oder Fön bereits in
Europa einen Adapter
— adapter edäpter —
zu besorgen. Es gibt
dort nur Steckdosen
für zwei flache Stifte.
Die Normspannung in
den USA beträgt
110 V bei 60 Hz —also
nicht wundern, wenn
Ihr Radiowecker von
Zuhause nicht ganz
richtig tickt.*

| comforter | kamforder | Daunendecke |
|---|---|---|
| quilt | kwilt | Überdecke |
| pillow | pillow | Kissen |
| sheet | schiet | Bettlaken |
| blanket | blänkit | Wolldecke |
| towel | tauwl | Handtuch |
| heating | hieding | Heizung |
| light (bulb) | leit (balb) | Lampe (Birne) |
| refrigerator | refridscheräjder | Kühlschrank |
| TV | tieviej | Fernseher |
| ashtray | äschträj | Aschenbecher |
| key | kiej | Schlüssel |
| safe | ßäjf | Safe |
| elevator | äleväjder | Aufzug |
| stairs | ßtärs | Treppe |
| restroom | räßtruwm | Toilette |
| toilet tissue | toilet tischu | Toilettenpapier |
| garbage can | garbidsch kän | Mülleimer |
| soap | ßowp | Seife |
| shampoo | schämpuw | Schampoo |
| (hot) water | (hat) woder | (warm) Wasser |
| faucet | fowßet | Wasserhahn |
| sink | ßink | Waschbecken |
| swimming pool | ßwimin puwl | Schwimmbad |
| room service | ruwm ßörviß | Zimmerservice |
| dining room | deinin ruwm | Speisesaal |

Auf dem Campingplatz und der Hütte brauchen Sie noch andere Dinge. Vergessen Sie nicht, wie wichtig es ist, alle Lebensmittel in hermetisch geschlossene Behälter zu verpacken, wenn Sie sich in Nationalparks, in der freien Natur aufhalten! Bären und andere

Tiere riechen Lebensmittel Meilen gegen den
Wind und werden Sie nicht in Ruhe lassen!

| | | |
|---|---|---|
| **bearproof trash can** | bärpruwv träsch kän | *bärensicherer Mülleimer* |
| **can opener** | kän owpener | *Büchsenöffner* |
| **charcoal** | tscharkowl | *Holzkohle* |
| **cooler** | kuwler | *Kühlbox* |
| **electricity** | iläktrißediej | *Strom* |
| **firestarter** | feijerßtarder | *Holzanzünder* |
| **firewood** | feijerwud | *Feuerholz* |
| **flashlight** | fläschleit | *Taschenlampe* |
| **food container** | fuwd kontäjner | *Lebensmittelbehälter* |
| **fork** | fork | *Gabel* |
| **gas** | gäß | *Gas* |
| **(Swiss army) knife** | (ßwiß armie) neif | *(Schweizer-) Messer* |
| **lantern** | läntern | *Laterne* |
| **lighter** | leider | *Feuerzeug* |
| **matches** | mätschiß | *Streichhölzer* |
| **mattress** | mätreß | *Matratze* |
| **mug** | mag | *Tasse* |
| **pan** | pän | *Pfanne/Topf* |
| **plate** | pläjt | *Teller* |
| **rope** | rowp | *Seil* |
| **shade canopy** | schäjd kännepie | *Schattensegel* |
| **sleeping bag** | ßliepinbäg | *Schlafsack* |
| **spoon** | ßpuwn | *Hering* |
| **stove (with fuel)** | ßtav (wið fjul) | *Löffel* |
| **tent peg** | tänt päg | *Kocher (mit Benzin)* |
| **waste water dump** | wäjßtwoder damp | *Abwasser* |
| **water bottle** | woder boddel | *Trinkflasche* |

## Kultur & Entertainment

**B**ei der tourist information  turißt infermäjschen
hilft man Ihnen sicher gern weiter.

**Do you have a schedule of events?**
dje häve ßkädjellef ieväntß
*tust du haben ein Zeitplan von Veranstaltungen*
Haben Sie einen Veranstaltungskalender?

**What's on at the ... tomorrow?**
wadßon ätðe ... temmorow
*was'ist an bei das ... morgen*
Welche(-s/-n) ... läuft/zeigen sie morgen?

| | | |
|---|---|---|
| **movie theater** | muwvie ðie \| edr | Kino |
| **theater** | ðie \| ädr | Theater |
| **concert hall** | kanßert howl | Philharmonie |
| **club** | klab | Klub |
| **box office** | bakßaffiß | Kartenkasse |
| **entrance** | intränß | Eingang |
| **exit** | äkßitt | Ausgang |
| **balcony/tier** | bälkeniej/tier | Rang |
| **box** | bakß | Loge |
| **parquet** | parkäj | Parkett |
| **stage** | ßtäjdsch | Bühne |
| **checkroom** | tschäkruwm | Garderobe |

*Eines der berühmtesten
Konzertgebäude ist die*
Carnegy Hall
karnegie howl
*in New York.
Wenn man als
Musiker dort einmal
aufgetreten ist, hat
man es geschafft.*

**I'd like two tickets for tonight.**
eid leik tuw tikitß for tuneit
*ich'würde mögen zwei Karten für heute-Abend*
Zwei Eintrittskarten für heute Abend, bitte.

🎵 **Sorry, it's sold out.**
ßorie itß ßold auwt
*entschuldigung, es'ist verkauft aus*
Es ist leider ausverkauft.

🎵 **Can I reserve tickets for Saturday?**
kännei riesörv tikitß for ßädderdäj
*kann ich reservieren Karten für Samstag*
Kann ich Karten für Samstag reservieren?

🎵 **When does the ... start?**
wänn das ðe ... ßtart
*wann tut der/die/das ... anfangen*
Wann fängt ... an?

*Beim Kino erfährt man, ab welchem Alter man in welchen Film darf:*

rated ... räjded
*gewertet ...*

G dschie
*für alle Zuschauer*

PG pie | dschiej
*in Beleitung von Erwachsenen*

PG-13 pie | dschiej
ðördien
*manche Szenen sind nicht für Kinder unter 13 Jahren geeignet*

R ar
*Kinder unter 17 Jahren müssen von Erwachsenen begleitet werden*

NC-17 än | sie
ßäwentien
*Erst ab 18 Jahre*

| | | |
|---|---|---|
| **movie** | muwvie | Film |
| **play** | pläj | Theaterstück |
| **concert** | konßert | Konzert |
| **show** | schow | Vorführung |
| **open air** | owpenäjr | Freiluft- |
| **musical** | mjusikel | Musical |
| **jazz/blues** | dschäs | Jazz/Bluesmusik |
| **country** | kanntriej | Countrymusik |
| **classical** | kläßikel | Klassische |
| **music** | mjusik | Musik |
| **ballet** | bäläj | Ballett |
| **opera** | opra | Oper |
| **cabaret** | käberäj | Kabarett |
| **comedy** | kamediej | Komisches Theater |
| **festival** | fäßtivel | Festival |
| **parade** | peräjd | Straßenumzug |
| **fair** | fär | Jahrmarkt |

## When does the museum open?

wänn das ðe mjusiejem owpen

*wann tut das Museum öffnen*

Wann ist das Museum geöffnet?

| | | |
|---|---|---|
| **gallery** | gäleriej | Galerie |
| **exhibition** | äkßibischen | Ausstellung |
| **library** | leibreriej | Bibliothek |
| **monument** | monnjement | Denkmal |
| **memorial** | memowriejel | Gedenkstätte |
| **skyscraper** | ßkeißkräjper | Wolkenkratzer |
| **house** | hauwß | Haus |
| **building** | billdin | Gebäude |
| **mansion** | mänschen | Herrenhaus |
| **cemetery** | ßämmetärie | Friedhof |
| **grave/tomb** | gräjv/tuwm | Grab |
| **harbor/pier** | harber/pier | Hafen/Pier |
| **lighthouse** | leit hauwß | Leuchtturm |
| **dam** | däm | Damm |
| **church** | tschörtsch | Kirche |
| **cathedral** | käðiedrel | Kathedrale |
| **chapel** | tschäpl | Kapelle |
| **convent** | konvent | Kloster |
| **colonial style** | kolownjel ßteil | Kolonialstil |
| **historic site** | hißtorik ßeit | historischer Ort |
| **garden/park** | garden/park | Garten/Park |
| **shuttle launch** | schadl lonsch | Raumfähren-Start (Florida) |

Left column labels:

museum of ...
mjusiejem ef ...
*Museum der ...*

natural history
nätschrel hißterie
*Naturkunde*

modern art
modern art
*Modernen Kunst*

contemporary art
kentämperärie art
*Zeitgenössischen Kunst*

## Which are the major attractions?

witsch ar ðe mädscher eträkschens

*welche sind die Haupt- Attraktionen*

Was sind die Hauptsehenswürdigkeiten?

**gambling** gämlin Glücksspiel

Wenn Sie Ihr Geld nicht schon beim Einkauf verprasst haben, könnten Sie es hier vermehren. Aber setzen Sie immer nur soviel, wie Sie sich zu verlieren leisten können – so lautet der Rat der Stadt Las Vegas!

| baccarat | bakera | Baccarat-Kartenspiel |
|---|---|---|
| bet | bät | Wette |
| blackjack | bläkdschäk | Kartenspiel, auch 21 Blackjack genannt |
| casino | keßienow | Kasino |
| chip | tschip | Kasinogeld |
| craps | kräpß | ein Kartenspiel wie Blackjack |
| dealer | dieler | Kartengeber |
| horse race | horß räjß | Pferderennen |
| keno | kienow | eine Art Lotto |
| poker | powker | Poker-Kartenspiel |
| pool | puwl | Billard |
| roulette | ruwlät | Spiel m. Rad + Kugel |
| writer | reider | Aufschreiber (Keno) |

*Wenn man beim Poker gewinnt, gibt man dem* dealer *einen* chip *als Trinkgeld oder platziert eine Wette für ihn.*

*Beim* keno *gibt man dem* writer *pro Gewinn $1.*

*Auch beliebt:*
slot machine
ßlatmeschien
*Einarmiger Bandit*

🖐 **I'd like to place a bet on ...**
eid leikte pläjß ebät on
*ich'würde mögen zu platzieren eine Wette auf*
Ich würde gerne eine Wette auf ... platzieren.

🖐 **$50 on red, please.**
fiffty dolers on räd plies
*Dollar 50 auf rot bitte*
50 Dollar auf Rot, bitte.

### sports ßportß Sport

Ein Muss ist der Besuch bei einem Spiel der beiden typisch amerikanischen Sportarten. Wenn Sie nicht zufällig zu den World Series wörld ßieries — die Baseball-Welt-Meisterschaft — oder zum Super Bowl super bowl — dem Endspiel der US-Meisterschaft — in den USA sind, gibt es jederzeit wichtige Spiele der Universitätsmannschaften gegeneinander.

*pom poms pomponß
sind dichte bunte
Plastikstreifen-Knäuel.
Jeder cheerleader hat
in jeder Hand einen.*

Bei jedem Sportereignis in den USA werden Sie auch auf cheerleaders tschierliederß — die „Anfeuer-Führer" — treffen, eine Gruppe junger Mädchen, die mit Teamschlachtrufen, akrobatischen Kunststückchen und bunten pom poms die Stimmung aufheizt.

### baseball bäjßbol Baseball

*Die wichtigsten Spieler
beim baseball:
pitcher pitscher
Werfer
catcher kätscher
Fänger
baseman bäjßmän
„Basis"-Mann.*

Auf dem Feld — einem Viertelkreis — treten zwei Mannschaften mit je 9 Spielern gegeneinander an. Sie spielen abwechselnd in der Offensive (Schlagmannschaft) und in der Defensive (Feldmannschaft). Es gewinnt die Mannschaft, die mehr Punkte — runs rans — erzielt. Der batter bäter (Schlagmann) schägt den Ball mit dem bat bät ins Spielfeld und läuft zum ersten base bäjß (Basis). Durch weitere strikes ßtreikß (Schläge) der Mitspieler ins Spielfeld versucht der Läufer, alle vier bases zu umrunden und somit einen run zu erzielen. Alles andere erfahren Sie, wenn Sie zu einem Spiel gehen.

🖑 **Are you going to the game/match tonight?**
arje gowin tuw ðe gäjm/mätsch teneit
*bist du gehend zu das Spiel/Wettkampf heute-*
*Abend*
Gehst du heute Abend zu dem Spiel?

🖑 **Could you explain the game to me, please?**
kuddje ikßpläjn ðe gäjm tuw mie plies
*könntest du erklären das Spiel zu mir bitte*
Könnten Sie mir bitte das Spiel erklären?

**football** futbol Amerikanischer Fußball

Der quarterback kworderbäk, so etwas wie der Mannschaftskapitän, der seinem Team die Anweisungen für die Spielstrategien gibt, ist schon zu Schulzeiten der Frauenschwarm. Football-Spieler sind die „harten" Männer. Es ist ja auch ein raues Spiel, in dem die Spieler von oben bis unten in einer „Rüstung" stecken. Es treten jeweils 11 Spieler auf einem in Querlinien unterteilten Feld gegeneinander an. Im Grunde geht es bei dem Spiel „nur" darum, den eiförmigen Ball so weit wie möglich in die Hälfte der Verteidiger zurück zu befördern. Dazu hat man nach dem kick-off kikoff (Anstoß) 4 Versuche (downs daunws), um 10 Yards zu überbrücken. Ein Versuch endet, wenn der Ball den Boden berührt (Pass-Spiel) oder der Ballträger zu Boden geworfen wurde (Laufspiel). Passiert dies in der gegnerischen Endzone, wurde ein touchdown tatschdaunw erzielt, der mit 6 Punkten belohnt wird.

*Ein professionelles Footballspiel dauert 4x ein quarter kworder — Viertelstunde. Nach den ersten beiden quarters ist Halbzeit, in der es Musikauftritte von bekannten Musikstars wie Michael Jackson gibt.*

### dancing dänßin Tanzen

Falls Sie zu den Menschen gehören, die sich gerne zum Tanzen ins Getümmel begeben, stelle ich Ihnen hier die verschiedensten Arten vor, dieser Lust in den USA nachzugehen.

| | | |
|---|---|---|
| bol | **ball** | Ball. Hier ist ballroom dancing gefragt |
| bolruwm dänßin | **ballroom dancing** | Standardtanz, meist in formeller Kleidung |
| klab | **club** | Hier gibt es je nach Klub House, R 'n B, Soul, etc. |
| kanntrie | **country club** | Hier ist Western-Musik und line/square dancing ange sagt, oder aber ein Elite-Club der feinen Gesellschaft |
| dänßflor | **dancefloor** | Tanzfläche |
| dißkow | **disco** | älteres Wort für club |
| hankie tank | **honky tonk** | Lokal mit Country/Western |
| lein dänßin | **linedance** | Gruppentanz in Reihen-Formation (in honky tonks) |
| neitklab | **nightclub** | kein Striptease-Lokal, sondern nur eine Bar, die nachts noch auf hat |
| ßlow dänß | **slowdance** | enges Tanzen zu langsamer Musik |
| ßkwär dänß | **squaredance** | Gruppentanz in Viereck-Formation (in honky tonks) |
| ßtäp dänß | **stepdance** | Irischer Tanz, wird am St. Patrick's Day getanzt |
| ßwing dänß | **swingdance** | Swing — Ihre Schuhe müssen rutschen können |

🔊 **Which type of music do they play there?**
witsch teipef mjusik duw ðäj pläj ðär
*welche Art von Musik tun sie spielen dort*
Welche Art von Musik läuft da?

🔊 **It ranges from rock 'n roll to funk.**
it räjndscheß framm raknrowl tefank
*es rangiert von Rock 'n Roll bis Funk*
Alles zwischen Rock 'n Roll und Funk.

Die Etikette in einem honky tonk ist typisch für
das traditionelle Amerika. Sie sollten immer
die Begleitung der Dame fragen, ob Sie auch
einen Tanz mit ihr wagen dürfen:

🔊 **Do you mind if I dance with this lady?**
dje meind iffei dänß wið ðiß läjdiej
*tust du stören wenn ich tanze mit diese Dame*
Stört es Sie, wenn ich mal mit dieser Dame
tanze?

Oder wenn sie allein dort ist und Sie einfach
Gesellschaft suchen:

🔊 **May I buy you a drink?**
mäjei beij juh e drink
*darf ich kaufen dir ein Getränk*
Darf ich Ihnen einen Drink anbieten?

*Dem bartender
bartänder — Barmann
— sollten Sie pro
Runde $1-$2
Trinkgeld geben.*

🔊 **Would you like to dance?**
wudje leikte dänß
*würdest du mögen zu tanzen*
Darf ich Sie zum Tanz auffordern?

## wild west  weild wäßt  Wilder Westen

Eine andere Art von Vergnügen sind die Arenen oder historischen Forts, in denen der Wilde Westen nachgespielt wird:

### When's the next showing/performance?
wäns ðe näkß schowin/pörfowrmenß
*wann'ist die nächste Vorstellung*
Wann ist die nächste Vorstellung?

| | | |
|---|---|---|
| **bronc riding** | brangk reidin | Reiten von unzugerittenen Pferden |
| **bullfighter** | bullfeider | Stierkämpfer |
| **bull riding** | bull reidin | Bullenreiten |
| **calf roping** | käf rowpin | Kälberfangen |
| **chuckwagon** | tschakwägen | Planwagen |
| **cowboy** | kauwboi | Kuhhirte |
| **cowgirl** | kauwgörl | Kuhhirtin |
| **fort(ress)** | fort(reß) | Festung |
| **ghost town** | gowßtauwn | Geisterstadt |
| **gold nugget** | gowld naggit | Goldklumpen |
| **gun fight** | gann feijt | Schießerei |
| **mining town** | meinin tauwn | Minenstadt |
| **rodeo** | rowdiejow | Cowboy-Wettkampf |
| **ranch** | ränsch | Ranch |
| **ruins** | ruwins | Ruine |
| **saloon** | ßäluwn | Bar im Westen |
| **stock show** | ßtokschow | Viehmarkt |
| **steer fight** | ßtier feijt | Stierkampf |
| **wash gold** | wosch gowld | Gold waschen |

Im Wilden Westen stoßen Sie natürlich auch überall auf die Native Americans näjtiv emmärikens — die Indianer. Die meisten leben heute in reservations räserväjschens — Reservaten. Wenn Sie einem Reservat oder einem pueblo pwäblow — einer Siedlung in Neu-Mexiko — einen Besuch abstatten wollen, sollten Sie Folgendes beachten· Machen Sie keine Fotos von Personen, ohne diese gefragt zu haben. Machen Sie nie Fotos bei Tänzen oder Zeremonien. Vergessen Sie nicht, dass dies traditionelle Anlässe sind! Nehmen Sie keinen Alkohol mit auf indianisches Land! Halten Sie sich an diese Regeln und bringen den Menschen dort Respekt entgegen, wird es sicherlich ein interessanter Aufenthalt. Welche interessanten Dinge man bei den Indianern auch als Souvenir kaufen kann, wurde schon im Kapitel „Shopping" vorgestellt. Aber das ist sehenswert:

*Die bekanntesten Indianerstämme:*

Apache epatschiej
Cherokee tschärekiej
Cheyenne schi | änn
Comanche kemäntschie
Hopi howpiej
Iroquois irekwo | i
Mohican mowhieken
Navajo nävehow
Pawnee powniej
Shoshone scheschowniej
Sioux ßuw
Zuni suniej

| | | |
|---|---|---|
| **cliff dwelling** | Fels-Behausung | kliff dwälling |
| **grand entry** | „Großer Eingang": Beginn eines powwow mit Tänzen | gränäntriej |
| **murals** | Wandmalereien | mjurals |
| **petroglyph** | Felsmalerei | pätrowglüf |
| **powwow** | Zusammenkunft mehrerer Stämme im Frühling | pauwauw |
| **story telling** | Geschichten erzählen | ßtorietälln |
| **tepee** | Indianerzelt (spitz, hoch) | tipiej |
| **totem pole** | Totempfahl | towtem powl |
| **tribal dance** | Stammestanz | treibel dänß |
| **wigwam** | Indianerzelt (rund, flach) | wigwäm |

## Natur erleben

**I**m National Park  näschnel park können Sie dies alles self-guided ßälfgeidid — auf eigene Faust — oder mit einem Führer unternehmen:

| | | |
|---|---|---|
| börd walk | **bird walk** | Vogelwanderung |
| bowt kruws | **boat cruise** | Bootsfahrt |
| kenuwin/kajakin | **canoeing/kayaking** | Kanu-/Kajakfahren |
| käriejedsch reid | **carriage ride** | Planwagen-Fahrt |
| kroßkantrie ßkiejin | **cross-country skiing** | Langlaufskifahren |
| dagmuschin | **dog mushing** | Hundeschlittenfahrt |
| fischin | **fishing** | Fischen |
| hälißkiejin | **heli-skiing** | Helikopter-Skifahren |
| heikin | **hiking** | Bergwanderung |
| harßbäkreidin | **horseback riding** | Pferdereiten |
| hantin | **hunting** | Jagd |
| eißkäjtin | **ice-skating** | Schlittschuhlaufen |
| lävaflow träjl | **lava flow trail** | Lavafluss-Wanderung |
| mauwntenierin | **mountaineering** | Bergsteigen |
| rokleimin | **rock climbing** | Klettern |
| ßäjlin | **sailing** | Segeln |
| ßkubedeivin | **scuba diving** | Tauchen |
| ßnorklin | **snorkling** | Schnorcheln |
| ßnowmowbelin | **snowmobiling** | Motorschlittenfahrt |
| ßnowschuwin | **snowshoeing** | Schneewandern |
| ßannbaðin | **sunbathing** | Sonnenbaden |
| ßwimmin | **swimming** | schwimmen |
| woderßkiejin | **(water)skiing** | (Wasser)Skifahren |
| windßörfin | **(wind)surfing** | (Wind)Surfen |
| weitwoder räftin | **white water rafting** | Weißwasser-Flussfahrt |
| weildleif vjuwin | **wildlife viewing** | wilde Tiere beobachten |

Wenn Sie sich erkundigen wollen, wo Sie das alles machen können, einfach hier einsetzen:

*Unter www.nps.gov finden Sie alle Nationalparks und historischen Sehenswürdigkeiten der USA!*

◊ **Where can I (go) ...?**
wär kännei (gow)
*wo kann ich (gehen)*
Wo kann man ...?

◊ **Are there ranger-led tours?**
ar ðär räjndscher-läd tuwrs
*sind da Parkführer-geleitete Touren*
Gibt es Touren mit dem Parkführer?

Dabei treffen Sie auf eine unglaubliche Vielfalt an Landschaften, Flora und Fauna. Wenn Sie sie gezielt in gewissen Naturräumen erforschen wollen:

| | | | |
|---|---|---|---|
| **desert/prarie** | däßert/präerie | Wüste/Prärie | |
| **forest/woods** | foreßt/wudds | Wald | |
| **lake/river** | läjk/river | See/Fluss | saltwater |
| **hummock** | hammek | Sumpfwald | ßoltwoder *Salzwasser* |
| **marsh/swamp** | marsch/ßwomp | Sumpf | freshwater |
| **everglades** | ävergläjds | Sumpfgrasland | fräschwoder *Süßwasser* |
| **mountain** | mauwnten | Berg | |
| **ocean** | owschen | Ozean | |
| **plantation** | pläntäjschen | Plantage | |
| **vinyard** | vinnjard | Weinberg | |

◊ **Which equipment/gear do I need to bring?**
witsch ekwipment/gier duh ei niete bring
*welche Ausrüstung tue ich brauchen zu bringen*
Was soll ich mitbringen?

*Mit gear ist eher die Kleidung gemeint und mit equipment eher das Technische.*

*Wenn Sie jagen gehen wollen, brauchen Sie eine Jagdgenehmigung* — hunting permit
hantin pörmitt.

*Zum Fischen brauchen Sie einen* fishing permit
fischin pörmitt.

*Im mittleren Westen braucht man schon mal einen* permit — *Genehmigung — von den Indianern, wenn man ihr Gebiet durchwandern möchte.*

*Ihre Exkremente sollten Sie ca. 15 cm unter der Erde eingraben!*

Abgesehen von all den Dingen, die ich Ihnen bereits im Kapitel „Übernachten — Camping" oder „Einkaufen — Kleidung" vorgestellt habe, könnten Sie dies noch brauchen:

| compass | kempeß | Kompass |
|---|---|---|
| alpine pick | älpein pik | Berg-Pickel |
| anchor | ängker | Anker |
| backpack | bäkpäk | Rucksack |
| bait | bäjt | Köder |
| binocular | beinakjeler | Fernglas |
| fishing rod | fischin rad | Angelrute |
| fins | fins | Flossen |
| goggles | gagelß | Schwimmbrille |
| hook | huwk | Haken |
| ice skates | eißkäjtß | Schlittschuhe |
| knife | neif | Messer |
| lifevest | leifväßt | Schwimmweste |
| motor | moder | Motor |
| net | nät | Netz |
| paddle | päddl | Paddel |
| rope | rowp | Seil |
| shotgun | schatgan | Schrotflinte |
| shot # | schat namber | Schrot-/Kugelgröße |
| snowshoes | ßnowschuws | Schneeschuhe |
| skies | ßkies | Skier |
| surfboard | ßörfbowrd | Skier |
| waders | wäjders | hohe Gummistiefel |
| wetsuite | wätßut | Neoprenanzug |

Halten Sie sich bitte an die Instruktionen der National Parks und der ranger. Besonders beim Fischen und Jagen gilt auch:

**Respect private property signs!**
reßpäkt preivet properdie ßeins
*respektieren Privat Besitz Schilder*
Respektieren Sie die Privatbesitz-Schilder!

**What did you catch/shoot/see?**
wad didje kätsch/schuwt/ßie
*was tatest du fangen/schießen/sehen*
Was haben Sie gefangen/geschossen/gesehen?

| | | |
|---|---|---|
| **bison** | beison | *Bison* |
| **black bear/grizzly** | bläk bär/grislie bär | *Schwarzbär/Grizzly* |
| **bobcat/lynx** | bobkät/lingß | *Rotluchs/Luchs* |
| **chipmunk/squirrel** | tschipmank/ßkwirl | *Eichhörnchen* |
| **coyote/fox/wolf** | kojowdie/fokß/wulf | *Koyote/Fuchs/Wolf* |
| **deer/moose/reindeer** | dier/muws/räjndier | *Rotwild/Elch/Rentier* |
| **ferret/marten/beaver** | färet/marten/biever | *Frettchen/Marder/Biber* |
| **jaguar/lion/panther** | dschägwar/leijen/pänðer | *Jaguar/Panther/Löwe* |
| **porcupine/lizard** | porkjepein/liserd | *Stachelschwein/Eidechse* |
| **rabbit/hare** | räbit/här | *Kaninchen/Hase* |
| **raccoon/skunk** | räkuwn/ßkank | *Waschbär/Stinktier* |
| **(rattle) snake** | (rädl) ßnäjk | *(Klapper)Schlange* |
| **bat/woodpecker** | bät/wuddpäkr | *Fledermaus/Specht* |
| **condor/vulture** | kander/valtscher | *Kondor/Geier* |
| **dove/gull/swallow** | dav/gall/ßwollow | *Taube/Möwe/Schwalbe* |
| **duck/goose/swan** | dak/guws/ßwon | *Ente/Gans/Schwan* |
| **eagle/hawk/falcon** | iegl/howk/fälken | *Adler/Habicht/Falke* |
| **flamingo/heron** | fleminggow/hären | *Flamingo/Fischreiher* |
| **pelican/cormorant** | pälliken/kormerent | *Pelikan/Kormoran* |
| **owl/cuckoo** | auwl/kuwkuw | *Eule/Kuckuck* |
| **hummingbird/robin** | hamminbörd/rabinn | *Kolibri/Rotkehlchen* |
| **wild turkey** | weiltörkiej | *wilder Truthahn* |
| **prarie chicken** | präeriejtschikn | *Präriehuhn* |

| | | |
|---|---|---|
| *Barsch/Wels/Forelle* | **bass/catfish/trout** | bäß/kätfisch/trauwt |
| *Lachs/Hecht/Barsch* | **salmon/pike/perch** | ßämen/peik/pertsch |
| *Stör/Zander* | **sturgeon/walleye** | ßterdschen/wowlei |
| *Kabeljau/Heilbutt* | **codfish/halibut** | kadfisch/häliebat |
| *Flunder/Schwertfisch* | **flounder/swordfish** | flauwnder/ßwordfisch |
| *Thunfisch/Schnapper/Hai* | **tuna/snapper/shark** | tuna/ßnäper/schark |
| *Seezunge/Hummer* | **sole/lobster** | sowl/lobßter |
| *Speerfisch/Pfeilhecht* | **marlin/barracuda** | marlin/bärekuda |
| *Stachelrochen/Qualle* | **stingray/jellyfish** | ßtingräj/dschälliefisch |
| *Delphin/Orcka/Wal* | **dolphin/orca/whale** | dolfin/orka/wäjl |
| *Seehund/Seekuh* | **seal/manatee** | ßiel/mänatie |
| *Schildkröte* | **turtle/tortoise** | törtl/towrteß |
| *Frosch/Kröte* | **frog/toad** | frag/towd |
| *Alligator* | **alligator** | älliegäjter |

| | | |
|---|---|---|
| bird | börd *Vogel* | |
| fish | fisch *Fisch* | |
| insect | insäkt *Insekt* | |
| raptor | räpter *Greifvogel* | |
| reptile | räpteil *Reptil* | |
| rodent | rowdent *Nagetier* | |
| butterfly | baderflei | |
| *Schmetterling* | | |
| waterfowl | waderfauwl | |
| *Wasservogel* | | |
| amphibian | ämfibjen | |
| *Amphibie* | | |
| mammal | mämel | |
| *Säugetier* | | |
| predator | prädeter | |
| *Raubtier* | | |

Bei der Flora beschränke ich mich auf Oberbegriffe. Fragen Sie einfach einen Amerikaner nach dem Namen der Pflanze.

| | | |
|---|---|---|
| **bush/scrub/shrub** | busch | Busch |
| **cactus** | käkteß | Kaktus |
| **tree/conifer** | trie/kanifer | Baum/Nadel- |
| **deciduous tree** | desiedjuß trie | Laubbaum |
| **palm tree** | pam trie | Palme |
| **(wild)flower** | (weild)flauwer | (Wild)Blume |
| **fruit/nut** | fruwt/nat | Frucht/Nuss |
| **berry** | bäriej | Beere |
| **fungus/mushroom** | fangiß/maschruwm | Pilz |
| **grass/moss** | gräß/moß | Gras/Moos |
| **weed** | wied | Unkraut |

🖐 **Which animal's track is this?**
witsch änemels träk is ðiß
*welches Tier'des Spur ist das*
Von welchem Tier sind diese Spuren?

*Der Fallensteller in den Bergen nennt sich*
trapper träper.

🖐 **What's the name of this animal/plant?**
wadß ðe näjmef ðiß änemel/plänt
*was'ist der Name von dies Tier/Pflanze*
Wie heißt dieses Tier/diese Pflanze?

Die schönsten Landschaften scenic landscapes
ßienik länßkäjpß bringen dies hervor:

| | | |
|---|---|---|
| **bay/sound** | bäj/ßauwnd | Bucht/Sund |
| **beach** | bietsch | Strand |
| **canyon/gorge** | kännjen | Schlucht |
| **cave/grotto** | käjv/grotow | Höhle/Grotte |
| **coast/shore** | kowßt/schowr | Küste/Ufer |
| **creek/stream** | kriek/ßtriem | Bach/Strom |
| **coral reef** | korel rief | Korallenriff |
| **fossil reef** | foßil rief | Fossilfelsen |
| **geyser** | geißer | Geysir |
| **glacier** | gläjscher | Gletscher |
| **hot spring** | hat ßpring | heiße Quellen |
| **island** | eilend | Insel |
| **lagoon** | leguwn | Lagune |
| **maar** | mar | Kratersee |
| **plain/valley** | pläjn/välliej | Ebene/Tal |
| **ridge** | ridsch | Kamm |
| **rock/mud** | rock/mad | Fels/Schlamm |
| **sand dune** | ßänduwn | (Sand)Düne |
| **volcano** | valkäjnow | Vulkan |
| **waterfall** | woderfowl | Wasserfall |

ash äsch
*Asche*
basalt bäselt
*Basalt*
cinder ßinder
*Schlacke*
coral korel
*Koralle*
flint flint
*Feuerstein*
granite gräneit
*Granit*
limestone leimßtown
*Kalkstein*
sandstone ßänßtown
*Sandstein*

## Natur erleben

**At what height is the peak?**
ät wad heit is ðe piek
*auf was Höhe ist der Gipfel*
Wie hoch ist der Gipfel?

**Is this volcano still active?**    **No, it's extinct.**
is ðiß valkäjnow ßill aktiv           now itß ikßtinkt
*ist dies Vulkan noch aktiv*          *nein, es'ist erloschen*
Ist der Vulkan noch aktiv?           Nein, nicht mehr.

**When was the last eruption?**
wänn wos ðe läßt ierapschen
*wann war der letzte Ausbruch*
Wann war der letzte Ausbruch?

*FKK ist in den USA*    **Is it ok to swim here?**
*nicht gerade gern*     isitt owkäjde ßwim hier
*gesehen.*              *ist es okay zu schwimmen hier*
*Sie brüskieren*        Kann man hier schwimmen?
*damit die vielen*
*Christen, die in den*
*USA noch recht*        Achten Sie auf Schilder mit folgenden Auf-
*puritanisch denken.*   schriften:
topless topleß
*— oben ohne —*         **No swimming!**         **No diving!**
*ist an den bekannten*  now ßwimin                now deivin
*Stränden in Ordnung.*  *nein schwimmend*         *nein tauchend*
*Aber wundern Sie sich* Schwimmen verboten!       Springen verboten!
*als Frau dann nicht*
*über anerkennende*     **Private property!**    **Don't enter!**
*Pfiffe von Männern!*   preivet praperdiej        downt änter
                        *privat Eigentum*         *tu-n'icht eintreten*
                        Privates Anwesen!         Betreten verboten!

# Apotheke & Notfall

Ist Ihre Reiseapotheke für Ihre Abenteuer richtig ausgestattet? Bevor Sie sich auf größere Touren begegeben, sollten Sie in der Drogerie — drugstore  dragßtor — die fehlenden Sachen kaufen.

*Im* drugstore *bekommen Sie auch verschreibungspflichtige Medikamente. Aspirin oder auch Vitamine gibt es dort im Hunderterpack zu kaufen für einen Spottpreis — auch ein gutes Mitbringsel aus Amerika.*

| | | |
|---|---|---|
| **antibiotics** | äntiebiejatikß | Antibiotika |
| **antiseptic** | äntießäptik | Antiseptikum |
| **band-aid** | bändäjd | Pflaster |
| **bandage** | bändidsch | Verband |
| **blister pad** | blißter päd | Blasenpflaster |
| **bug repellent** | bag riepällent | Insektenspray |
| **compress** | kempräß | Kompresse |
| **cotton balls** | katen bols | Watte |
| **cough drops** | kowfdropß | Hustenpastillen |
| **burn ointment** | börn ointment | Brandsalbe |
| **eye drops** | eidropß | Augentropfen |
| **first-aid kit** | förßdäjd kit | Erste-Hilfe-Kasten |
| **insulin** | inßelin | Insulin |
| **lozenges** | lasendsch | Lutschtablette |
| **laxative** | läkßetiv | Abführmittel |
| **pain killer** | päjn killer | Schmerztablette |
| **Q-tip** | kjutip | Wattestäbchen |
| **salt tablets** | ßoltäbletß | Salztabletten |
| **suntan lotion** | ßanntän lowschen | Sonnenmilch |
| **thermometer** | ðermameder | Thermometer |
| **tranquilizer** | trängkwileiser | Schlaftablette |
| **tweezer** | twieser | Pinzette |
| **wet towels** | wät tauwels | Feuchttücher |

SPF
(sun protection factor)
= *Sonnenschutzfaktor*

## at the doctor ät ðe dokter beim Arzt

dentist däntiß
*Zahnarzt*
hospital hoßpidel
*Krankenhaus*
eye doctor eidakter
*Augenarzt*

Da es viele Körperteile gibt, sagen Sie einfach immer „it hurts here" it hörtß hier und zeigen auf das schmerzende Körperteil. Manches müssen Sie dennoch genauer sagen können:

| **I have/had ...** | **I'm ...** |
|---|---|
| ei häv /häd | eim |
| *ich habe /hatte* | *ich'bin* |
| Ich habe/musste ... | Ich bin ... |

bees bies *Bienen*
aspirin äßprin *Aspirin*
penicillin päneßilin
*Penizillin*

| **allergic to** | elerdschik tuw | allergisch gegen |
|---|---|---|
| **asthma** | äsma | Asthma |
| **a cold** | e kowld | eine Erkältung |
| **a cut** | e kat | eine Schnittwunde |
| **diabetic** | deijebädik | Diabetiker |
| **diarrhea** | deijerieje | Durchfall |
| **epileptic** | äpileptik | Epileptiker |
| **feel ill** | fiel ill | sich krank fühlen |
| **fever** | fiever | Fieber |
| **frostbite** | froßtbeit | Erfrierung |
| **a headache** | ehädäjk | Kopfschmerzen |
| **HIV positive** | ätsch ei vie posediv | HIV-positiv |
| **a pacemaker** | e päjsmäjker | Herzschrittmacher |
| **pregnant** | prägnent | schwanger |
| **rash** | räsch | Ausschlag |
| **a sore throat** | e ßowr ðrowt | Halsschmerzen |
| **sunburn** | ßannbörn | Sonnenbrand |
| **to throw up** | tuw ðrowap | kotzen |
| **toothache** | tuwðäjk | Zahnschmerzen |
| **a wound** | e wuwnd | eine Wunde |

◊ **I got bitten/stung by a dog/bee.**
eigat bitten/ßtang bei e dag/bie/
*ich wurde gebissen/gestochen bei ein Hund/Biene*
Ich wurde von einem Hund gebissen / einer
Biene gestochen.

Ebenso wichtig ist es, halbwegs zu verstehen,
was der Arzt sagt.

snake  ßnäjk  *Schlange*
tick  tik  *Zecke*
wasp  woßp  *Wespe*
ant  änt  *Ameise*
mosquito  moßkidow
  *Mücke*

◊ **Take your ... off, please.**
täjk jer ... of plies
*nehme dein ... ab bitte*
Bitte ziehen Sie ... aus.

◊ **Breathe deeply.**   **Hold your breath.**
brieð diepliej           howld jer bräð
*atmen tief*              *halte dein Atem*
Tief einatmen.           Halten Sie den Atem.

◊ **Open your mouth.**   **Cough, please.**
owpen jer mauwð          koff plies
*öffnen dein Mund*       *husten bitte*
Öffnen Sie den Mund. Bitte mal husten.

◊ **I'll fill/pull the tooth.**
eil fill/pull ðe tuð
*ich'werde füllen/ziehen der Zahn*
Ich werde den Zahn füllen/ziehen.

◊ **We'll have to X-ray this.**
wiel hävte ekßräj ðiß
*wir'werden haben zu röntgen dies*
Wir müssen das mal röntgen.

**It's broken/sprained.**

itß browken/ßpräjnd

*es'ist gebrochen/verstaucht*

Es ist gebrochen/verstaucht.

**It's a pulled muscle / a torn ligament.**

itße puld maßl / e towrn ligement

*es'ist eine gezogen Muskel / eine gerissen Sehne*

Es ist eine Zerrung / ein Bänderriss.

**When did it start?**

wänn didit ßtart

*wann tat es anfangen*

Wann hat es angefangen?

**Any nausea or vomiting?**

annie nowsie | a or vommetin

*irgendein Übelkeit oder Erbrechen*

Übelkeit oder Erbrechen?

**Any accompanying abdominal pain?**

ännie ekampeniejin äbdamenl päjn

*irgendein begleitender Bauch Schmerz*

Auch Bauchschmerzen?

Wenn es ganz schlimm kommt, werden Sie wohl ins Krankenhaus gebracht mit den Worten:

**You'll have to have surgery.**

juwl hävte häv ßördscheriej

*du'wirst haben zu haben chirurgische Behandlung*

Sie müssen operiert werden.

# Geld, Post & Telefon

**I**n den USA verwenden Sie am besten immer Ihre credit card krädit card — Kreditkarte. Ohne geht's sowieso nicht. Sie sollten nur wissen, dass Sie nur $1000 pro Tag von einer Karte bar abheben können, es sei denn, Sie haben etwas anderes mit Ihrem Kreditkarteninstitut vereinbart. Wenn Sie bar zahlen, sollten Sie die coins kojns — Münzen — und bills bils — Banknoten — beim Namen kennen:

| | | |
|---|---|---|
| **a penny** | pännie | 1 Cent-Münze, kupfern |
| **a nickel** | nikl | 5 Cent-Münze, silbern |
| **a dime** | deim | 10 Cent-Münze, silbern |
| **a quarter** | kworder | 25 Cent-Münze, silbern |
| **half dollar** | häf doler | 50 Cent-Münze, silbern |

*Seit 1999 wird je ein* quarter *jährlich von 5 Bundesstaaten der USA neu gestaltet; mit einer Berühmtheit aus dem Bundesstaat auf der einen Seite und einem Bundessymbol auf der anderen. Wann welcher Staat eine Münze in den Verkehr bringen darf, erfahren Sie auf S. 68 in den kleinen eckigen Klammern hinter dem Bundesstaat.*

Alle Scheine haben die gleiche Größe und die gleiche Farbe: cremefarben & grün. 100 cent ßänt = 1 dollar doler. Es gibt Scheine zu $1, $2, $5, $20, $50, $100.

Wer dennoch traveler's checks trävlerß tschäkß (Traveller Cheques) bei sich hat, kann diese natürlich am Flughafen, in einer Bank — bank bänk — oder im Hotel einlösen.

🕮 **I'd like to cash this check.**
eid leikte käsch ðiß tschäk
*ich'würde mögen zu einlösen diesen Scheck*
Ich würde gerne den Scheck einlösen.

### May I see your ID/passport, please?
mäj ei sie jer ei diej/päßpwrt plies
*darf ich sehen dein Ausweis/Pass bitte*
Darf ich bitte Ihren Ausweis/Pass sehen?

### What's the exchange rate?
wadß ðe ikßtschäjsch räjt
*was'ist die Tausch Rate*
Wie ist der Wechselkurs?

**post office**   powßt ofiß   Post

Wenn Sie nicht wollen, dass Ihre Briefe — letter
— und Postkarten — postcard powßtkard — nach
Europa oder in den Rest der Welt im
Schneckentempo versandt werden, schreiben
Sie immer airmail  ärmäjl — Luftpost —darauf.
Jetzt nur noch zum Schalter bringen:

### I need stamps for these letters.
ein nied ßtämß for ðies läders
*ich brauche Briefmarken für diese Briefe*
Ich brauche Briefmarken für diese Briefe.

### I'd like to mail this package.
eid leikte mäjl ðiß päkedsch
*ich'würde mögen zu versenden dies Paket*
Ich würde gern dieses Päckchen verschicken.

### Can I send a fax from here too?
kännei ßände fäkß framm hier tuw
*kann ich schicken ein Fax von hier auch*
Kann ich von hier auch ein Fax schicken?

## phone call fown kowl Telefongespräch

Wenn Sie Ihr Geld nicht für Ihre Handy-Rechnung — cell phone bill ßäll fown bill — ausgeben wollen, und auch die Hotelraten zu teuer finden, dann suchen Sie sich am besten eine Telefonzelle — phone booth fown buwß. Dazu brauchen Sie viel Kleingeld — change tschäjndsch — oder die passende Kreditkarte.

*Die Vorwahlen:*
Germany
dschörmeniej
*Deutschland: 01149*
Austria
owßtrieja
*Österreich: 01143*
Switzerland
ßwitserländ
*Schweiz: 01141*

🙊 **How much do you charge for a call to ...**
hauw matsch dje tschardsch for e kowlte
*wie viel tust du berechnen für ein Telefonat nach*
Wie viel kostet ein Gespräch nach ...

Wenn es Ihnen lieber ist, dass der Angerufene die Rechnung bezahlt, können Sie ein R-Gespräch anmelden:

🙊 **I'd like to make a collect call.**
eid leikte mäjk a kelät kowl
*ich'würde mögen zu machen ein Sammel Telefonat*
Ich würde gern ein R-Gespräch anmelden.

## E-Mail iemäjl e-mail

Wenn Sie keinen Laptop haben, den Sie im Hotel benutzen können, brauchen Sie:

🙊 **Where's the closest e-mail café?**
wärs ðe klowseßt iemäjl käfäj
*wo'ist das naheste E-Mail Café*
Wo ist das nächste E-Mail Café?

# Polizei

**F**alls etwas schief laufen sollte, gehen Sie am besten zur Polizei — police station poließ ßtäj-schen, oder zu der konsularischen Vertretung Ihres Landes — embassy ämbeßiej.

### My wallet/purse was stolen.

mei wollet/pörß was ßtowlen

*meine Brieftasche/Handtasche war gestohlen*

Meine Brieftasche/Handtasche ist gestohlen worden.

### My car was broken into.

mei kar wos browken intuw

*mein Auto war gebrochen hinein*

Es wurde in mein Auto eingebrochen.

Vielleicht werden Sie aber auch von der Auto-bahnpolizei — highway partol heiwäj petrowl — wegen überhöhter Geschwindigkeit angehal-ten: speeding ßpieding.

### May I see your driver's license, please?

mäjei ßie jer dreivers leißenß plies

*darf ich sehen dein Fahrer'des Führerschein bitte*

Darf ich bitte Ihren Führerschein sehen?

### This license has expired/is invalid.

ðiß leißenß häs ikßpeijerd/is inwälid

*dieser Führerschein war abgelaufen/ist ungültig*

Dieser Führerschein ist abgelaufen/ungültig.

# Literaturempfehlungen

## Literatur

**American Accent Training,** Barrons Educational Series, USA 2000, 210 S., ISBN: 0764173693. Wenn Sie Ihre amerikanische Aussprache noch weiter perfektionieren möchten.

**Slanguage,** Hyperion, USA 2000, 304 S., ISBN: 0786885203. Witziges kleines Buch über amerikanischen Slang.

**Amerikanisch ohne Mühe**
ISBN: 3-89625-005-1
Grundkurs für Anfänger + Wiedereinsteiger
Auch als Multimedia-Kombination mit Tonaufnahmen (Kassetten oder Audio-CDs) und / oder CD-ROM erhältlich.
Assimil GmbH, Hinter dem Hagen 1, D-52388 Nörvenich

**The American Heritage Dictionary of the English Language,** Houghton Mifflin Company, USA 2000. Ein gutes Lexikon für amerikanisches Englisch mit Hinweisen zur Etymologie.

*All diese Publikationen sind z. T. rein englischsprachig und nicht über den Reise Know-How Verlag erhältlich!*

## Internet

**www.bartleby.com/61** — Ein nützliches Online-Nachschlagewerk. Hier finden Sie auch **The American Heritage Dictionary of the English Language** online mit über 90.000 Einträgen inklusive Audio-Datei mit der Aussprache, und Notizen zur Etymologie.

**nhd.heinle.com** — Noch ein gutes Online-Nachschlagewerk mit über 40.000 Einträgen.

*Hinter unregelmäßigen Tätigkeitswörtern * ist immer die Vergangenheitsform und die Form der vollendeten Gegenwart angegeben; steht nur eine Form in Klammern sind Vergangenheit und vollendete Gegenwart identisch. Die Lautänderungen von -y nach -ied oder -id werden nicht extra aufgeführt. In der Wortliste Amerikanisch — Deutsch sind die unregelmäßigen Tätigkeitswörter alphabetisch einsortiert. Bei Hauptwörtern steht die unregelmäßige Mehrzahlform in Klammern. Auch hier werden die Lautänderungen von -y nach -ies nicht extra aufgeführt.*

## A

**Abend** evening
**aber** but
**abfliegen** take-off* *(took, taken~)*
**abreisen** leave* *(left)*
**absagen** cancel
**abschleppen** tow a car
**Abtreibung** abortion
**Adresse** address
**ähnlich** similar to
**Alkohol** alcohol
**alle** all
**allein** alone
**alles** everything; all
**als** than *Vergl.*; when *zeitl.*
**alt** old
**Alter** age
**Alternative** choice
**anfangen** begin* *(began, begun)*
**Angestellte(r)** employee
**Angst** fear
**anhalten** stop
**ankommen** arrive
**Ankunft** arrival
**annehmen** accept
**anrufen** call
**anstecken** infect
**Antwort** answer
**antworten** answer
**Anwalt** attorney
**Apartment** apartment
**Apotheke** drugstore
**arbeiten** work
**Arbeitgeber** employer
**argumetieren** argue
**arm** poor
**Art** kind; type
**Arzt** doctor
**auch** also; too
**auf** on *örtl.*; open *offen*

**Aufenthalt** stay
**aufhören** stop
**aufstehen** get up* *(got; gotten~)*
**aufwachen** wake up* *(woke; woken~)*
**Aufzug** elevator
**aus** from *örtl.*
**Ausfahrt** exit
**ausfüllen** fill in
**Ausgang** exit
**Auskunft** information
**Ausländer** foreigner
**ausländisch** foreign
**aussehen** look
**Aussicht** view
**Aussprache** pronunciation
**aussteigen** get off* *(got; gotten~) Bus*
**Ausstellung** exhibition
**Ausweis** identity card *(ID)*
**ausziehen** take off your/my/ ... clothes* *(took, taken ~)*
**Auto** car
**Autobahn** highway
**Autowerkstatt** repair shop

## B

**baden** take a bath* *(took; taken~)*
**Badewanne** bathtub
**Badezimmer** bathroom
**Bahnhof** train station
**Bahnsteig** platform
**bald** soon
**Bank** bank *Geld*
**Bargeld** cash
**Batterie** batery
**bauen** build* *(built)*
**Bauer** farmer
**Baum** tree
**beeilen** hurry (up)

**beenden** finish
**begleiten** accompany
**behalten** keep* *(kept)*
**behandeln** treat *Krankh.*
**bei** at
**Beispiel** example
**bekannt** familiar *kennen*; well-known *berühmt*
**beliebt** popular
**benachrichtigen** inform
**Benzin** gas
**bequem** comfortable
**Berg** mountain
**Beruf** profession
**berühmt** famous
**beschreiben** describe
**Beschreibung** description
**beschweren** complain
**besichtigen** visit
**Besitzer** owner
**besser** better
**bestellen** order
**Bestellung** order
**bestrafen** punish
**Besuch** visitor
**besuchen** visit
**betrinken** drink* *(drank, drunk)*
**Bett** bed
**Bevölkerung** population
**bevor** before
**bewusstlos** unconscious
**bezahlen** pay
**Bild** painting; picture
**billig** cheap
**Binde** sanitary napkin
**bis** until; to
**bisschen, ein** a little (bit)
**Bitte** favor
**bitten** ask for
**Blatt** leaf *Baum*; sheet *Papier*
**bleiben** stay

**Blitz** flash
**Blume** flower
**Boden** ground *Erde*; floor
**Boot** boat; ship
**Botschaft** embassy
**Brand** fire
**Brauch** custom
**brauchen** need
**brechen** break* *(broke, broken)*
**breit** wide
**brennen** burn
**Brief** letter
**Briefmarke** stamp
**Briefumschlag** envelope
**Brille** glasses *Mz.*
**bringen** bring* *(brought)*
**Brot** bread
**Brücke** bridge
**Bruder** brother
**Brust** breast; chest
**Buch** book
**buchen** book
**Buchstabe** letter
**buchstabieren** spell
**bunt** colored
**Bürgersteig** sidewalk
**Büro** office
**Bus** bus

### C

**Café** coffee shop
**Chef** boss

### D

**da** there *dort*; since *weil*
**Dach** roof
**damit** in order to
**danach** afterwards
**danke** thanks; thank you
**danken** thank

**dann** then
**darum** therefore
**dass** that
**Datum** date
**dauern** take* *(took, taken)*
**Daunendecke** comforter
**Decke** blanket
**denken** think* *(thought)*
**Denkmal** memorial
**deshalb** therefore
**Deutsch(e,r)** German
**Deutschland** Germany
**Dialekt** dialect
**dick** thick *Ding*
**Diebstahl** theft
**Ding** thing
**direkt** straight
**Dokument** document
**Dolmetscher** translator
**doppel** double
**Dorf** village
**dort** there
**Dose** can
**dringend** urgent
**Droge** drug
**drücken** push
**dumm** stupid
**dunkel** dark
**dünn** thin *Ding*
**durch** by *kausal*; through; thru *hindurch*
**Durchfall** diarrhea
**dürfen** may; allowed to
**durstig** thirsty
**Dusche** shower

### E

**echt** real; really?
**Ehefrau** wife
**Ehemann** husband
**Ehepaar** couple
**Eigentum** property

**einander** one another
**Einbahnstraße** dead end
**Eindruck** impression
**einfach** easy; simply *Adv.*
**Eingang** entrance
**einige** a few; a bunch; a couple; some
**Einkaufswagen** cart
**Einkommen** income
**einladen** invite
**Einladung** invitation
**einmal** once
**einsteigen** get in* *(got; gotten~)*
**eintreten** go in* *(went~)*
**einverstanden** ok
**Einwohner** inhabitants
**Eis** ice
**Eisenbahn** train
**Eiter** pus
**Eltern** parents
**empfangen** get* *(got; gotten)*
**empfehlen** recommend
**Ende** end
**eng** narrow
**Englisch** english
**Enkel(in)** grandchild *(grandchildren)*
**Entfernung** distance
**entscheiden** decide
**entschuldigen** apologize
**Entschuldigung** excuse me
**Erde** earth
**Ereignis** event
**Erfolg** success
**erhalten** keep* *(kept)*
**erhältlich** available
**erinnern** remember
**erkältet sein** have a cold* *(had~)*
**erklären** explain
**erlauben** allow

**Erlaubnis** permit
**Ermäßigung** discount
**erwarten** expect
**erzählen** tell* *(told)*
**essen** eat* *(ate, eaten)*
**etwa** about
**etwas** a few; a little; some *Mengen*; something *irgendetwas*

## F

**Faden** thread
**Fähre** ferry
**fahren** drive *4-Rad*; ride *2-Rad*
**Fahrkarte** ticket
**Fahrplan** schedule
**Fahrpreis** fare
**Fahrrad** bike; bicycle
**Fahrzeug** car; vehicle
**fallen** fall* *(fell, fallen)*
**falsch** wrong
**Familie** family
**Familienname** last name
**Farbe** color
**Farbfilm** color print film
**fast** almost
**faul** rotten *Obst*; lazy *träge*
**Fehler** mistake
**feiern** celebrate
**Feiertag** holiday
**Feld** field
**Fenster** window
**Ferien** vacation
**Fernsehgerät** TV
**fertig** ready
**fest** firm; hard
**Fest** party
**feucht** moist
**Feuer** fire
**Feuerwehr** fire department
**Fieber** fever

**Film** film
**finden** find* *(found)*
**Finger** finger
**Firma** company
**flach** flat
**Flasche** bottle
**Fleck** stain
**fliegen** fly* *(flew)*
**flirten** flirt
**Flug** flight
**Flughafen** airport
**Flugticket** ticket
**Flugzeug** plane
**Fluss** river
**Formular** form
**Foto** photo
**Fotoapparat** camera
**fotografieren** take pictures* *(took, taken~)*
**Frage** question
**fragen** ask
**Frau** woman; women *Mz. Anrede:* Mrs. *verheiratet;* Ms. *neutral*
**Fräulein** Miss
**frei** free
**fremd** unknown; strange
**freuen** be glad* *(was, been~)*
**Freund(in)** friend; *Liebe:* boyfriend *m.;* girlfriend *w.*
**freundlich** friendly
**Freundschaft** friendship
**Frieden** peace
**frieren** freeze* *(froze, frozen)*
**frisch** fresh
**froh** glad; happy
**früh** early
**Frühling** spring
**Frühstück** breakfast
**frühstücken** have breakfast* *(had)*

**fühlen** feel* *(felt)*
**Führer** guide; ranger
**Führerschein** driver's license
**Führung** guided tour
**für** for
**furchtbar** aweful
**fürchten** afraid (of)
**Fuß** foot; feet *Mz.*
**Fußball** soccer

## G

**Gabel** fork
**Galerie** galery
**Gang** aisle *Flugzeug*
**ganz** all; entire *Stück*
**Garten** garden
**Gas** gas
**Gast** guest
**Gastgeber** host
**Gaststätte** pub
**Gebäude** building
**geben** give* *(gave, given)*
**Gebirge** mountain range
**Gebühr** fee
**Geburtstag** birthday
**gefährlich** dangerous
**gefallen** like
**Gefängnis** jail
**Gefäß** container
**Gefühl** feeling
**gegen** against *etw./jmd.*;
 around *ungefähr*
**Gegend** area; region
**gegenüber von** across
 from; opposite from
**gehen** go* *(went, gone)*;
 walk
**Geld** money
**Geldautomat** ATM
**Gelegenheit** chance
**Gemüse** vegetables
**gemütlich** comfortable

**genau** precisely; just *Adv.*
 right *jawohl*
**genug** enough
**geöffnet** open
**Gepäck** baggage
**geradeaus** straight ahead
**gern** like to
**Geruch** smell
**Geschäft** shop; store
 *Laden*; business
**Geschenk** present
**Geschichte** story
 *Erzählung*; history *hist.*
**geschlossen** closed
**Geschmack** flavor
**Gesellschaft** society
**Gesetz** law
**Gesicht** face
**Gespräch** conversation
**gestern** yesterday
**gesund** healthy
**Gesundheit** health
**Gewicht** weight
**Gewitter** lightening
**gewöhnen** get used to*
 *(got, gotten)*
**Gewürz** spice; seasoning
**Gift** poison
**Glas** glass
**glauben** believe
**Glück** luck
**glücklich** happy
**Gold** gold
**Gott** god
**Grammatik** grammar
**Gras** gras
**gratulieren** congratulate
**Grenze** border
**Grippe** flu
**groß** big *breit*; large *lang*;
 tall *hoch*
**Größe** size
**Großmutter** grandmother

**Großvater** grandfather
**Grund** reason
**Gruppe** group
**gültig** valid
**gut** good; well *Adv.*

## H

**Haarspray** hair spray
**haben** have* *(had)*
**Hafen** harbor; port
**Hälfte** half
**halten** stop *anhalten*;
 hold *(held)* *festhalten*
**Haltestelle** bus stop
**Handel** trade
**handeln** bargain
**hart** hard; strong *stark*
**hässlich** ugly
**Haupt-** main
**Haus** house
**heben** lift up* *(lift~)*
**heilen** cure; heal
**heiraten** marry
**heiß** hot
**helfen** help
**hell** bright *leuchtend*; light
 *nicht dunkel*
**her** ago
**Herbst** fall
**Herr** man; *Anrede:* Mr.
**heute** today
**hier** here
**Hilfe** help
**hinten** back
**hinter** behind
**Hintern** ass; fanny
**hoch** high; tall *lang*
**Hochzeit** wedding
**hoffen** hope
**höflich** polite
**Höhe** height
**holen** get* *(got, gotten)*

**Holz** wood
**homosexuell** queer
**hören** hear* *(heard)*
**Hotel** hotel
**Hügel** hill
**hungrig** hungry
**Hygiene** cleanliness

## I

**immer** always
**Impfung** vaccination
**in** in; on
**Industrie** industry
**Information** information
**informieren** inform
**Innenstadt** downtown
**Insekt** bug; insect
**Insel** island
**interessant** interesting
**interessieren** be*
  interested *(was/were, been)*
**international** international

## J

**Jahr** year
**Jahreszeit** season
**jährlich** annual
**jeder** each; everybody
**jedesmal** everytime
**jemand** somebody; anyone
**jetzt** now
**Journalist** journalist
**Jugendlicher** teenager
**jung** young
**Junge** boy

## K

**kalt** cold
**kaputt** broken
**Karte** map

**Kasse** cashier
**katholisch** catholic
**kauen** chew
**kaufen** buy* *(bought)*
**kennen** know* *(knew, known)*
**Kind** child; children *Mz.*
**Kinderwagen** buggy; baby carriage
**Kino** movie theater; movies
**Kiosk** booth
**Kirche** church
**Klasse** grade
**Klebeband** adhesive tape
**klein** little *kurz*; small
**Klima** climate
**klug** intelligent; smart
**Kneipe** bar
**kochen** cook
**Koffer** bag; suitcase
**kommen** come
**kompliziert** complicated
**Kondom** condom; rubber
**können** be able* *(was/were, been~)*; can* *(could)*
**Konsulat** consulate
**kontrollieren** control
**Konzert** concert
**korrigieren** correct
**kosten** cost
**kostenlos** (for) free
**krank** ill; sick
**Krankenhaus** hospital
**Krankheit** illness; disease
**Kreditkarte** credit card
**kühl** cool
**Kühlschrank** refrigerator
**Kunst** art
**künstlich** artificial; fake
**kurz** short
**küssen** kiss
**Küste** coast; shore

## L

**lächeln** smile
**lachen** laugh
**Lage** position
**Lampe** lamp
**Land** country
**Landschaft** landscape
**Landwirtschaft** agriculture
**lang** long
**langsam** slow
**langweilig** boring
**lassen** let* *(let)*
**laufen** run* *(ran)*; walk
**laut** loud; noisy
**Leben** life
**leben** live
**Lebensmittel** groceries
**ledig** single
**leer** empty
**legen** lay
**Lehrer(in)** teacher
**leicht** easy *einfach*; light *nicht schwer*
**leihen** borrow
**lernen** learn
**lesbisch** lesbian
**lesen** read* *(read)*
**letzte** last
**Leute** people
**Licht** light
**lieben** love
**Lied** song
**Lieferung** delivery
**liegen** lay
**links** left
**LKW** truck
**Loch** hole
**Löffel** spoon
**Lohn** wage

**M**

**machen** make* *(made)*
**Mädchen** girl
**Mal** time
**malen** paint
**man** one; you
**manchmal** sometimes
**Mann** husband *Ehe-*; man; men *Mz.*
**Markt** market
**Medikament** medicin
**Meer** ocean
**mehr** more
**Meinung** opinion
**meist** mostly
**Menge** amount; quantity
**merken** memorize *sich*; notice
**Messer** knife
**mieten** rent
**Minute** minute
**mit** with
**Mitglied** member
**mitmachen** join
**Mittag** lunchtime; noon
**Mitte** middle
**Mode** fashion
**modern** modern
**möglich** possible
**Monat** month
**Morgen** morning; a.m.
**morgen** tomorrow
**Motor** motor
**Motorhaube** hood
**Motorrad** motorbike
**müde** tired
**Müll** garbage; trash
**Mülleimer** trash can
**Museum** museum
**Musik** music
**müssen** have to* *(had~)*; must

**Mutter** mother

**N**

**nach** to *örtl.*; past *zeitl.*
**Nachmittag** afternoon; p.m.
**Nachricht** message
**nächste** next
**Nacht** night
**Nachtisch** dessert
**nackt** nude
**Nadel** needle
**Nagellack** nail polish
**Nagellackentferner** nail polish remover
**nah** close; near
**Name** name
**nass** wet
**Natur** nature
**natürlich** natural; of course *auf jeden Fall*
**neben** next to
**nehmen** take* *(took, taken)*
**neu** new
**neugierig** curious
**nicht** not
**nichts** nothing
**niedrig** low
**nie** never
**niemand** nobody
**nirgendwo/-hin** nowhere
**noch** still *immer*; yet *nicht*
**nochmal** again
**Norden** north
**normal** normal
**Notfall** emergency
**notwendig** necessary
**Nummer** number
**nur** only; simply
**nützlich** useful

**O**

**ob** if
**oben** up; upstairs
**obwohl** although
**oder** or
**öffnen** open
**oft** often
**ohne** without
**Öl** oil
**Onkel** uncle
**Opfer** victim
**Organ** organ
**organisieren** organize
**Ort** place
**Osten** east
**Österreich** Austria
**Österreicher(in)** Austrian

**P**

**Paar** couple
**paar** a couple; a few; a pair
**Päckchen** pack; packet
**Paket** package
**Panne** break down
**Papier** paper
**Park** park
**parken** park
**Parkplatz** parking (lot)
**Pass** passport
**passen** fit
**passieren** happen
**Patient** patient
**Pause** break
**peinlich** embarrassing
**Person** person
**Pflanze** plant
**Plan** plan
**Platz** place; space *Raum*; square *Ort*
**plötzlich** sudden; suddenly
**Politik** politics *Mz.*

**Polizei** police
**Post** mail
**Postamt** post office
**Postkarte** postcard
**Postleitzahl** zip code
**Preis** price
**privat** private
**Problem** problem
**Programm** program
**pünktlich** on time

### Q

**Qualität** quality

### R

**Radiergummi** eraser
**Radiogerät** radio
**Rahmen** frame
**Rat** advice
**rauchen** smoke
**Raum** room
**rechnen** count
**Rechnung** check
**Recht** law *Gesetz*; right
**rechts** right
**Rechtsanwalt** attorney
**reden** talk
**Regen** rain
**Regenschirm** umbrella
**regional** local
**registrieren** register
**reich** rich
**reif** ripe
**Reifen** tire
**Reise** journey; trip
**Reisebüro** travel agent
**reisen** travel
**reparieren** repare
**reservieren** make a
  reservation* *(made~)*
**Restaurant** restaurant

**Rettungswagen** ambulance
**richtig** right
**Richtung** direction
**riechen** smell
**riesig** enormous; giant
**roh** raw; uncooked
**Rückfahrt** return trip
**Rucksack** backpack
**rückständig** backward
**rufen** call; yell *schreien*
**Ruhe** rest

### S

**Sache** thing
**sagen** say
**Salbe** ointment
**Salz** salt
**sammeln** collect
**Sand** sand
**satt** full; stuffed
**Satz** sentence
**sauber** clean
**säubern** clean
**sauer** sour
**Schallplatte** record
**scharf** hot; spicy
**Scheck** check
**Schein** bill
**scheinen** seem *als ob*;
  shine *Sonne*
**Schere** scissors *Mz.*
**schicken** send* *(sent)*
**schießen** shoot* *(shot)*
**Schiff** ship; boat
**schlafen** sleep* *(slept)*
**Schlafsack** sleeping bag
**Schlafzimmer** bedroom
**schlagen** hit* *(hit)*
**Schlange stehen** line up
**schlecht** bad; gone off *faul*
**Schließfach** deposit; safe
**Schlüssel** key

**schmackhaft** tasty; yummy
**schmal** narrow
**Schmerz** pain
**schmerzen** hurt* *(hurt)*
**Schmuck** jewelry
**schmutzig** dirty; filthy
**schnell** fast; quick; express
**schon** already; yet
**schön** beautiful; nice
**Schrank** closet; cupboard
**Schraubenschlüssel**
  wrench
**schreiben** write* *(wrote)*
**schuldig** guilty
**Schule** school
**Schüler(in)** student
**schwach** weak
**schwanger** pregnant
**Schweiz** Switzerland
**Schweizer(in)** Swiss
**schwer** heavy *Gewicht*;
  difficult *schwierig*
**Schwester** sister
**schwierig** difficult
**schwimmen** swim* *(swam)*
**schwitzen** sweat* *(sweat)*
**schwul** gay
**See** lake
**sehen** see* *(saw, seen)*
**Sehenswürdigkeiten**
  places of interest
**sehr** very; a lot
**Seide** silk
**Seife** soap
**Seil** rope
**sein** be* *(was/were; been)*
**seit** since
**Seite** side
**Sekunde** second
**selten** rarely; seldom
**Serviette** napkin
**setzen, sich** sit down* *(sat)*
**sicher** sure; surely *Adv.*

**Sicherheit** safety
**Silber** silver
**singen** sing* *(sang)*
**sitzen** sit *Po*; fit* *(sang)*
  *Kleidung*
**Ski** ski
**so** so
**sofort** immediately; now
**sogar** even
**Sonn** sun
**solch(-e,-er,-es)** this kind
  of; this type of
**sollen** have to* *(had~)*;
  shall* *(should)*
**Sommer** summer
**Sonne** sun
**sparen** save
**spät** late
**spazierengehen** go for a
  walk* *(went, gone~)*
**Spiegel** mirror
**Spiel** game; match
**spielen** play
**Spielzeug** toy
**Sport** sport
**Sprache** language
**sprechen** speak* *(spoke,
  spoken)*
**Spritze** shot; syringe
**Staatsangehörigkeit**
  nationality; citizenship
**Stadt** city; town
**stark** strong
**Staubsauger** vacuum
  cleaner
**Steckdose** outlet
**stehen** stand* *(stood)*
**steil** steep
**Stein** stone; rock
**Stelle** place; spot
**stellen** place; put* *(put)*
**sterben** die; pass away
**Stil** design; style

**Stimme** voice
**Stoff** fabric
**stören** disturb
**Strafe** punishment
**Strand** beach
**Straße** street; road
**Straßenbahn** train
**streiten** fight* *(fought)*
**Stromkabel** electric cord
**Stück** piece; part; play
  *Theater*
**Student** student
**Stunde** hour
**suchen** look for; search
**Süden** south
**Summe** sum; amount
**Suppe** soup; bisque;
  chowder
**süß** sweet

## T

**Tabak** tobacco
**Tablette** pill
**Tag** day
**täglich** daily; everyday
**Tal** valley
**Tankstelle** gas station
**Tante** aunt
**tanzen** dance
**Tasche** bag; purse *Hand-*
**Taxi** cab; taxi
**Telefon** phone
**telefonieren** call
**Telegramm** telegramm; wire
**teuer** expensive
**Theater** theater
**tief** deep
**Tier** animal
**Tochter** daughter
**Tod** death
**Toilette** bathroom;
  restroom; toilet

**Toilettenpapier** toilet paper
**toll** awesome
**tot** dead
**töten** kill
**Tradition** tradition
**tragen** carry *schleppen*;
  wear* *(wore, worn)*
  *Kleidung*
**traurig** sad
**treffen** meet* *(met)*
**Treppe** stairs *Mz.*; staircase
**trinken** drink* *(drank)*
**Trinkgeld** tip
**trocken** dry
**tun** do* *(did; done)*
**Tür** door
**Turm** tower
**Typ** guy

## U

**U-Bahn** subway
**üben** practise
**über** above; over *örtl.*;
  more *mehr*; past *zeitl.*
**überall** everywhere
**übergeben, sich** throw up*
  *(threw; thrown)*
**überholen** pass
**übermorgen** the day after
  tomorrow
**übersetzen** translate
**Übersetzer** translator
**Überweisung** transfer
**übrig** left
**Uhr** clock; watch
**um** at
**um zu ...** in order to
**umarmen** embrace
**Umleitung** detour
**Umstand** circumstance
**umtauschen** exchange
**Umweg** detour

**Umwelt** environment
**unbekannt** unfamiliar; unknown
**und** and
**Unfall** accident
**Universität** college; university
**unmöglich** impossible
**unschuldig** innocent; not guilty
**unten** at the bottom
**unter** under; below
**Unterhaltung** conversation
**Unterkunft** accomodation
**unterrichten** teach* (tought)
**unterschreiben** sign
**untersuchen** check
**Ur-** native
**Urlaub** vacation

### V

**Vater** dad; father
**Ventilator** fan
**verabreden** meet* (met); make an appointment* (made~); date *Liebe*
**Verabredung** meeting; appointment; date
**verboten** prohibited
**Verbrechen** crime
**verdienen** earn
**Verfallsdatum** expiration date
**vergessen** forget* (forgot, forgotten)
**vergnügen** enjoy
**verirren** get lost* (got; gotten~)
**verkaufen** sell* (sold)
**verlangen** charge *Geld*; ask for

**verlängern** extend
**verlassen** quit* (quit)
**verleihen** borrow
**verletzen** hurt* (hurt); injure
**Verletzung** injury
**verlieben** fall in love* (fell; fallen)
**verlieren** loose* (lost)
**vermieten** rent* (rent)
**Vermittlung** agency; operator *Telefon*
**verringern** reduce
**Versicherung** insurance
**verspäten** be late* (was / were, been); delay
**versprechen** promise *jmd.*; make a slip (made)
**Verstand** sense; brains *Mz.*
**verstehen** understand
**versuchen** try
**viel** a lot; many
**vielleicht** maybe
**Vogel** bird
**Volk** nation; people; tribe
**voll** full
**von** from; of
**vor** before; in front of
**vorbereiten** prepare
**vorgestern** the day before yesterday
**vorher** beforehand; before
**Vormittag** morning; a.m.
**Vorname** first name
**vorne** front; in front
**vorschlagen** propose
**vorstellen** imagine; introduce *jmd.*
**Vorwahlnummer** area code; country code

### W

**Wahl** choice
**wahr** true
**während** during; while
**Währung** currency
**Wald** forest; woods *Mz.*
**Wand** wall
**wandern** hike; walk
**Ware** goods *Mz.*
**warm** hot; warm
**Warnung** warning
**warten** wait
**waschen** wash
**Wasser** water
**Wasserhahn** faucet
**WC** bathroom; restroom
**wechseln** exchange *Geld*; replace *Glühbirne*
**wecken** wake up
**Weg** way; road; path, trail
**wegen** because of; due to
**weggehen** leave* (left)
**weiblich** female
**weil** because
**weinen** cry
**weit** far *entfernt*; wide; baggy *Kleidung*
**weitere** further
**wenig** few; little
**weniger** less
**wenn** than *als*; if *falls*
**Werbung** ad(vertisement)
**werden** get* (got, gotten); will* (would)
**Westen** west
**Wetter** weather
**wichtig** important
**wie** how; like *Vergl.*
**wieder** again
**wiederholen** repeat
**Wind** wind
**Winter** winter

**winzig** tiny; small
**wissen** know* *(knew, known)*
**Woche** week
**wohnen** live
**Wohnmobil** motorhome
**Wohnung** apartment; condo
**Wohnwagen** trailer
**wollen** like to; want
**Wort** word
**Wörterbuch** dictionary
**Wunde** injury; wound
**wünschen** wish
**Wüste** desert

### Z

**zahlen** pay
**Zahnarzt** dentist
**Zahnpasta** toothpaste
**Zebrastreifen** crosswalk
**zeigen** show
**Zeit** time
**Zeitung** newspaper
**Zelt** tent
**Zentrum** center; downtown
**ziehen** pull
**Zigarette** cigarette
**Zimmer** room
**Zoll** customs *Mz.*
**zu** too; also
**zufrieden** happy
**Zug** train
**zuhören** listen
**zurück** back
**zusammen** together
**zustimmen** agree
**zuviel** too much/many
**zwischen** between

### A

**a** ein, -e, -er
**a bit** ein bisschen
**a bunch** einige
**a couple** einige; paar
**a few** einige; etwas; ein paar
**a little** ein bisschen; etwas
**a lot** viel
**abortion** Abtreibung
**about** etwa; über
**above** über; oberhalb
**accept** annehmen
**accident** Unfall
**accomodation** Unterkunft
**accompany** begleiten
**accurate** genau
**across from** gegenüber von
**ad(vertisement)** Werbung
**address** Adresse
**adhesive tape** Klebeband
**advice** Rat
**afraid** sich fürchten
**afternoon** Nachmittag
**afterwards** danach
**again** noch einmal; wieder
**against** gegen
**age** Alter
**agency** Vermittlung
**ago** her
**agree** zustimmen
**agriculture** Landwirtschaft
**airport** Flughafen
**aisle** Gang (Flugzeug)
**alcohol** Alkohol
**alike** ähnlich
**all** alle(s); ganz
**alley** Gasse
**allow** erlauben
**allowed to** dürfen
**almost** fast
**alone** allein
**already** schon

**also** auch
**although** obwohl
**aluminum** Aluminium
**always** immer
**am** (ich) bin *(von be)*
**a.m.** morgen
**ambulance** Rettungswagen
**amount** Menge; Quantität
**and** und
**animal** Tier
**annual** jährlich
**answer** Antwort; antworten
**apartment** Wohnung
**apologize** entschuldigen
**appointment** Verabredung
**are** (wir, ihr, sie) sind *(von be)*
**area** Gegend
**argue** argumetieren
**arrival** Ankunft
**arrive** ankommen
**art** Kunst
**artificial** künstlich
**ask** fragen; bitten
**ass** Hintern
**asshole** Arschloch
**at** bei; um
**ate** aß *(von eat)*
**ATM** Geldautomat
**attorney** Rechtsanwalt
**aunt** Tante
**Austria** Österreich
**Austrian** Österreicher(in)
**available** erhältlich
**aweful** furchtbar
**awesome** toll

### B

**back** hinten; zurück
**backback** Rucksack
**back-up lights** Rückfahrleuchte

**backward** rückständig
**bad** schlecht
**bag** Tasche; Koffer
**baggy** weit
**bank** Bank (Geld)
**bar** Kneipe
**bargain** handeln
**batery** Batterie
**bath** Badezimmer
**bathe** baden
**bathroom** Toilette
**bathtub** Badewanne
**be** sein
**beach** Strand
**beautiful** schön
**because** weil
**because of** wegen
**become** werden
**bed** Bett
**bedroom** Schlafzimmer
**been** gewesen *(von be)*
**before** bevor; vor; vorher
**begin** anfangen
**began** fing an *(von begin)*
**begun** angefangen *(von begin)*
**be happy** sich freuen
**behind** hinter
**be late** sich verspäten
**believe** glauben
**below** unten
**best before** gebrauchen vor
**betray** betrügen
**better** besser
**between** zwischen
**big** groß
**bike** Fahrrad
**bill** Rechnung; Schein
**bird** Vogel
**birthday** Geburtstag
**boardwalk** Promenade
**boat** Boot
**book** Buch; buchen

**booth** Kiosk
**border** Grenze
**boring** langweilig
**borrow** leihen; verleihen
**boss** Chef
**bother** nerven
**bottle** Flasche
**bought** kaufte; gekauft *(von buy)*
**box** Karton
**boy** Junge
**bread** Brot
**break** brechen; Pause
**breakdown** Panne
**breakfast** Frühstück
**breast** Brust
**bridge** Brücke
**bright** hell
**bring** bringen
**broke** brach *(von break)*
**broken** kaputt; gebrochen *(von break)*
**brother** Bruder
**brought** brachte; gebracht *(von bring)*
**buddy** Kumpel
**bug** Insekt
**build** bauen
**building** Gebäude
**burglary** Einbruch
**burn** brennen
**bus** Bus
**business** Geschäft
**bus stop** Haltestelle
**but** aber
**buy** kaufen
**by** durch
**bye** Tschüss

---

**C**

**cab** Taxi
**call** rufen; telefonieren

**call collect** R-Gespräch
**camera** Fotoapparat
**camper** Wohnwagen
**can** Dose; können
**cancel** absagen
**car** Auto; Fahrzeug; Wagen
**carry** tragen
**cart** Einkaufswagen
**cash** Bargeld
**cashier** Kasse
**castle** Burg
**catholic** katholisch
**center** Zentrum
**chance** Gelegenheit
**charge** verlangen
**cheap** billig
**check** Rechnung; Scheck
**check in** Hotel check in
**chest** Brust(korb)
**chew** kauen
**child** Kind
**choice** Alternative; Wahl
**church** Kirche
**cigarette** Zigarette
**circumstance** Umstände
**citizen** Bürger
**city** Stadt
**clean** sauber; säubern
**cleanliness** Hygiene
**climate** Klima
**clock** Uhr
**close** nah; schließen
**closet** Schrank
**club** Diskothek
**coast** Küste
**coffee shop** Café
**cold** kalt
**collect** sammeln
**college** Universität
**color** Farbe
**color print film** Farbfilm
**colored** bunt
**come** kommen; gekommen

**comfortable** bequem; gemütlich
**comforter** Daunendecke
**company** Firma
**compatible** passend
**complain** beschweren
**complicated** kompliziert
**concern** Besorgnis
**concert** Konzert
**condition** Bedingung
**condominium** Wohnung
**conductor** Chauffeur
**cone** Hörnchen
**congratulate** gratulieren
**consulate** Konsulat
**container** Gefäß
**control** kontrollieren
**conversation** Gespräch; Unterhaltung
**convertible** Cabrio
**cook** kochen
**cool** kühl
**correct** korrigieren; richtig
**cost** kosten (Preis)
**count** rechnen
**country** Land
**country code** Vorwahlnummer
**couple** Ehepaar; Paar
**cover** Decke (Bett)
**cozy** gemütlich
**crafts** Kunstgewerbliches
**credit card** Kreditkarte
**crime** Verbrechen
**cry** weinen
**curb** Bürgersteig
**cure** heilen
**curious** neugierig
**currency** Währung
**custom** Brauch
**customs** Zoll

### D

**dad** Vater
**daily** täglich
**dance** tanzen
**dangerous** gefährlich
**dark** dunkel
**date** Datum; verabreden; Verabredung
**daughter** Tochter
**dawn** Morgendämmerung
**day** Tag
**dead** tot
**dead end** Einbahnstraße
**death** Tod
**decide** entscheiden
**deep** tief
**delayed** verspätet
**delivery** Lieferung
**dentist** Zahnarzt
**deposit** Schließfach
**describe** beschreiben
**description** Beschreibung
**desert** Wüste
**design** Stil
**dessert** Nachtisch
**detour** Umleitung; Umweg
**dialect** Dialekt
**diarrhea** Durchfall
**dictionary** Wörterbuch
**did** tat *(von do)*
**die** sterben
**difficult** schwierig (nicht einfach)
**direction** Richtung
**dirt road** ungeteert Straße
**dirty** schmutzig
**disco** Diskothek
**discount** Ermäßigung
**distance** Entfernung
**disturb** stören
**diversion** Umleitung
**do** tun

**doctor** Arzt
**documents** Dokument(e)
**done** getan *(von do)*
**door** Tür
**dope** Drogen
**double** doppel
**downtown** Innenstadt
**drank** trank *(von drink)*
**drapes** Gardine
**drink** trinken
**drive** fahren
**driver** Chauffeur
**driver's license** Führerschein
**drugstore** Apotheke
**drunk** betrunken; getrunken *(von drink)*
**dry** trocken
**due to** wegen
**dumb** dumm
**during** während

### E

**each** jeder
**early** früh
**earn** verdienen
**earth** Erde
**east** Osten
**easy** leicht (einfach)
**eat** essen
**eaten** gegessen *(von eat)*
**edible** essbar
**effect** beeinflussen
**effort** Mühe
**electric cord** Stromkabel
**electrical outlet** Steckdose
**elementary school** Grundschule
**elevator** Aufzug; Lift
**embarrassing** peinlich
**embassy** Botschaft
**embrace** umarmen

**emergency** Notfall
**emotions** Gefühle
**employee** Angestellte(r)
**employer** Arbeitgeber
**empty** leer
**end** Ende
**English** englisch
**enjoy** geniessen
**enormous** riesig
**enough** genug
**enter** eintreten
**entire** ganz
**entrance** Eingang
**envelope** Briefumschlag
**environment** Umwelt
**eraser** Radiergummi
**even** sogar
**evening** Abend
**event** Ereignis
**everybody** jeder
**everyday** täglich
**everything** alles
**everytime** jedesmal
**everywhere** überall
**examine** untersuchen
**example** Beispiel
**excellent** ausgezeichnet
**exchange** umtauschen
**excuse me** entschuldigung
**exhibition** Ausstellung
**exit** Ausfahrt; Ausgang
**expect** erwarten
**expensive** teuer
**expiration date**
  Verfallsdatum
**explain** erklären
**export** Ausfuhr
**express** schnell
**expressway** Schnellstraße
**extend** verlängern

### F

**fabric** Stoff
**face** Gesicht
**factory** Fabrik
**fall** fallen; Herbst
**familiar** bekannt
**family** Familie
**famous** berühmt
**fan** Ventilator
**far** lang; weit
**far away** fern
**fare** Fahrpreis
**farmer** Bauer
**fashion** Mode
**fast** schnell
**fat** dick; fett
**father** Vater
**faucet** Wasserhahn
**fault** Fehler
**favor** Bitte
**fax** Fax
**fear** Angst
**fee** Gebühr
**feel** sich fühlen
**feeling** Gefühl
**felt** fühlte; gefühlt *(von feel)*
**female** weiblich
**ferry** Fähre
**fever** Fieber
**few** wenig
**field** Feld
**fight** streiten
**fill in** ausfüllen
**film** Film
**find** finden
**finger** Finger
**finish** beenden
**fire** Brand; Feuer
**fire department** Feuerwehr
**firm** fest
**first name** Vorname
**fit** sitzen; passen

**flash** Blitz
**flat** flach
**flat tire** platter Reifen
**flavor** Geschmack
**flew** flog *(von fly)*
**flight** Flug
**flirt** flirten
**floor** Etage
**flower** Blume
**flown** geflogen *(von fly)*
**flu** Grippe
**fly** fliegen
**foot** Fuß
**for** für
**foreign** ausländisch; fremd
**foreign country** Ausland
**foreigner** Ausländer
**forest** Wald
**forget** vergessen
**forgot** vergaß *(von forget)*
**forgotten** vergessen *(von forget)*
**fork** Gabel
**form** Formular
**fotography** Fotografie
**fought** stritt; gestritten *(von fight)*
**found** fand; gefunden *(von find)*
**frame** Rahmen
**free** frei; kostenlos
**freeway** Schnellstraße
**freeze** frieren
**fresh** frisch
**friend** Freund(in)
**friendly** freundlich
**friendship** Freundschaft
**from** von
**front** vorne
**front desk** Empfang
**froze** fror *(von freeze)*
**frozen** gefroren *(von freeze)*
**full** satt; voll

**funny** lustig
**further** weitere

## G

**galery** Galerie
**game** Spiel
**garbage** Müll
**garden** Garten
**gas** Benzin; Gas
**gas station** Tankstelle
**gave** gab *(von give)*
**gay** schwul
**gearshift** Schaltknüppel
**German** Deutsch(e,r)
**Germany** Deutschland
**get** empfangen; werden; holen
**get healthy** sich erholen
**get in** einsteigen
**get lost** sich verirren
**get off** aussteigen
**get up** aufstehen
**get used to** sich gewöhnen an
**girl** Mädchen
**girlfriend** Freund(in)
**give** geben
**given** gegeben *(von give)*
**give permission** erlauben
**glad** froh
**glass** Glas
**glasses** Brille
**go** gehen
**go for a walk** spazierengehen
**god** Gott
**gold** Gold
**gone** ging *(von go)*
**good** gut
**goods** Ware
**got** bekam *(von get)*
**gotten** bekommen *(von get)*

**grade** Klasse
**grain** Getreide
**grammar** Grammatik
**grandchild** Enkel(in)
**grandfather** Großvater
**grandma** Großmutter
**grandmother** Großmutter
**grandpa** Großvater
**gras** Gras
**greet** begrüßen; grüßen
**groceries** Lebensmittel
**ground** Boden
**group** Gruppe
**guest** Gast
**guide** Führer
**guided tour** Führung
**guilty** schuldig
**guy** Typ

## H

**had** hatte *(von have)*
**haggle over** feilschen
**hair spray** Haarspray
**half** Hälfte
**happen** passieren
**happy** fröhlich; glücklich; zufrieden
**hard** fest; hart
**has** (er,sie,es) hatte *(von have)*
**have** haben
**have a cold** erkältet sein
**have breakfast** frühstücken
**have to** müssen; sollen
**he** er
**health** Gesundheit
**healthy** gesund
**hear** hören
**heard** hörte; gehört *(von hear)*
**heavy** schwer (nicht leicht)

**height** Höhe
**held** hielt; gehalten *(von hold)*
**help** helfen; Hilfe
**hen party** Jungesellinenfete
**her** ihr/e
**here** hier
**herself** selbst
**hi** hallo
**high** hoch
**highway** Autobahn
**hike** wandern
**hill** Hügel
**himself** selbst
**his** sein/e
**history** Geschichte (hist.)
**hit** schlagen; schlug, geschlagen
**hold** halten
**hole** Loch
**holiday** Feiertag
**hood** Motorhaube
**hope** hoffen
**hospital** Krankenhaus
**hospitality** Gastfreundschaft
**host** Gastgeber
**hot** heiß; scharf; warm
**hotel** Hotel
**hour** Stunde
**house** Haus
**housewife** Hausfrau
**how** wie
**how many** wie viele
**how much** wie viel
**huh?** wie bitte?
**human being** Mensch
**hungry** hungrig
**hurricane** Wirbelsturm
**hurry up** sich beeilen
**hurt** schmerzen; verletzt(e)
**husband** Ehemann; Mann

# Wortliste Amerikanisch – Deutsch

## I

**I** ich
**ice** Eis
**ID** Ausweis
**identity card** Ausweis
**if** ob; wenn (falls)
**ill** krank
**illness** Krankheit
**imagine** vorstellen
**immediately** sofort
**import** Einfuhr
**important** wichtig
**impossible** unmöglich
**impression** Eindruck
**in** in (örtl.); in (zeitl.)
**in front** vorne; vor
**in order to** damit; um zu …
**income** Einkommen
**industry** Industrie
**infect** anstecken
**inform** informieren
**information** Information
**inhabitants** Einwohner
**injured** verletzt
**injury** Verletzung; Wunde
**innocent** unschuldig
**insect** Insekt
**inspect** untersuchen
**insult** beleidigen
**insurance** Versicherung
**intelligent** klug
**interested in** interessieren
**interesting** interessant
**international** international
**introduce** vorstellen
**invitation** Einladung
**invite** einladen
**island** Insel
**it** es
**itself** selbst

## J

**jail** Gefängnis
**jewelry** Schmuck
**join** mitmachen
**journalist** Journalist
**journey** Reise
**just** genau
**just about** fast

## K

**keep** behalten; erhalten
**kept** behielt, behalten *(von keep)*
**key** Schlüssel
**kind** Art
**kiss** küssen
**knife** Messer
**knew** kannte *(von know)*
**know** kennen; wissen
**known** gekannt, gewusst *(von know)*

## L

**lake** See
**lamp** Lampe
**landscape** Landschaft
**language** Sprache
**large** groß
**last** letzte
**last name** Familienname
**late** spät
**laugh** lachen (über etw.)
**law** Gesetz; Recht
**lawyer** Anwalt
**lay** legen; liegen
**lazy** faul (träge)
**leaf** Blatt
**leaflet** Prospekt
**learn** lernen

**leave** abfahren; abreisen; weggehen
**left** links; übrig; ging; gegangen *(von leave)*
**less** weniger
**let** lassen; ließ; gelassen
**letter** Brief; Buchstabe
**license plate** Nummernschild
**lie** lügen
**life** Leben
**lift** heben; hob; gehoben
**light** hell; leicht; Licht
**lightening** Gewitter
**like** gefallen; gern; wie; wollen
**line** Schlange (anstehen)
**listen** zuhören
**little** klein; wenig
**live** leben; wohnen
**local** regional
**long** lang
**look** aussehen
**look for** suchen
**loose** verlieren (Dinge)
**lost** verloren
**loud** laut
**love** lieben
**low** niedrig
**luck** Glück
**lunchtime** Mittag

## M

**made** machte; gemacht *(von make)*
**mail** Post
**main** Haupt-
**make** machen
**make a reservation** reservieren
**make a slip** sich versprechen
**man** Mann

many viel
map Karte
market Markt
marriage Hochzeit
may dürfen
maybe vielleicht
medicin Medikament
meet treffen; verabreden
meeting Verabredung
member Mitglied
memorial Denkmal
memorize sich merken
men Männer
message Nachricht
met traf; getroffen *(von meet)*
middle Mitte
minute Minute
mirror Spiegel
Miss Fräulein
mistake Fehler
modern modern
moist feucht
mom Mutter
money Geld
month Monat
more mehr; über
morning Morgen; Vormittag
mostly meist
motel Motel
mother Mutter
motor home Wohnmobil
motorbike Motorrad
motorboat Motorboot
motorhome Wohnmobil
mountain Berg
mountain range Gebirge
movie theater Kino
movies Kino
Mr. Herr
Mrs. Frau
Ms. Frau
mufler Auspuff

museum Museum
music Musik
must müssen
my mein/e
myself selbst

### N

nail polish Nagellack
nail polish remover
 Nagellackentferner
name Name
napkin Serviette
narrow eng; schmal
nartural natürlich
nation Volk
nationality
 Staatsangehörigkeit
native Ur-
nature Natur
near nah
necessary notwendig
need brauchen
needle Nadel
never niemals
new neu
newspaper Zeitung
next nächste
next to neben
night Nacht
no nein
nobody niemand
noisy laut
noon Mittag
normal normal
north Norden
not nicht
not allowed verboten (sein)
not guilty unschuldig
nothing nichts
notify benachrichtigen
now jetzt
nowhere nirgendwo/-hin

nude nackt
number Nummer

### O

ocean Meer
of von
office Behörde; Büro
often oft
oil Öl
ointment Salbe
ok einverstanden
old alt
on auf; in
on time pünktlich
once einmal
once agaon noch einmal
one man
one another einander
oneself selbst
only einfach; nur
open auf; geöffnet; öffnen
operator Vermittlung
opinion Meinung
opposite from gegenüber
or oder
order bestellen
order Bestellung
organ Organ
organize organisieren
our unser/e
ourself selbst
out aus
over aus; über
owner Besitzer

### P

pack Päckchen
package Paket
packet Päckchen
pain Schmerz
paint malen

**painting** Bild
**pair** Paar
**paper** Papier
**parents** Eltern
**park** Park; parken
**parking (lot)** Parkplatz
**party** Feier; feiern; Fest
**pass** überholen
**passport** Pass
**past** nach; über
**pastries** Gebäck
**patient** Patient
**pay** bezahlen
**pay** zahlen
**peace** Frieden
**ped xing** Achtung
  Zebrastreifen!
**pencil** Bleistift
**people** Leute; Volk
**permit** Erlaubnis
**person** Mensch; Person
**phone** Telefon
**picture** Bild
**piece** Stück
**pill** Tablette
**pissed off** sauer
**place** Ort; Stelle; stellen
**places of interest**
  Sehenswürdigkeiten
**plan** Plan
**plane** Flugzeug
**plant** Pflanze
**platform** Bahnsteig
**play** spielen
**poison** Gift
**poisonous snake**
  Giftschlange
**police** Polizei
**polite** höflich
**politics** Politik
**poor** arm
**popular** beliebt
**population** Bevölkerung

**position** Lage (geogr.)
**possible** möglich
**post office** Post(amt)
**postcard** Postkarte
**practise** üben
**precise** genau
**pregnant** schwanger
**prepare** vorbereiten
**present** Geschenk
**price** Preis
**private** privat
**problem** Problem
**profession** Beruf
**program** Programm
**prohibited** verboten (sein)
**promise** versprechen
**pronunciation** Aussprache
**proof** Beweis
**property** Eigentum
**propose** vorschlagen
**pub** Gaststätte
**pull** ziehen
**punctual** pünktlich
**punish** bestrafen
**punishment** Strafe
**pupil** Schüler(in)
**pus** Eiter
**push** drücken
**put** stellen; stellte; gestellt

**Q**

**quality** Qualität
**quantity** Menge; Quantität
**queer** homosexuell
**question** Frage
**quick** schnell
**quilt** Decke
**quit** aussteigen; verlassen;
  stieg aus; verlies;
  ausgestiegen; verlassen
**quite** ganz

**R**

**radio** Radiogerät
**rain** Regen
**raising** heraufbringen
**ran** rannte; gerannt *(von run)*
**rarely** selten
**raw** roh
**read** lesen; las, gelesen
**ready** fertig
**really** echt
**reason** Grund
**recommend** empfehlen
**record** Schallplatte
**reduce** verringern
**region** Gegend
**register** registrieren
**relax** entspannen
**remember** erinnern, sich
**rent** mieten; vermieten;
  mietete; vermietete;
  gemietet; vermietet
**repare** reparieren
**repeat** wiederholen
**replace** wechseln
**rest** Ruhe
**restaurant** Restaurant
**restroom** Toilette
**return trip** Rückfahrt
**rich** reich
**ride** fahren
**right** genau; Recht; rechts;
  richtig
**rights** Rechte
**ripe** reif
**river** Fluss
**roof** Dach
**room** Raum
**room** Zimmer
**rope** Seil
**rotten** faul
**rubber** Kondom
**run** laufen

**s**

**sad** traurig
**safety** Sicherheit
**said** sagten
**salt** Salz
**sand** Sand
**sang** sang; gesungen *(von sing)*
**sanitary napkin** Binde
**save** aufheben; sparen
**saw** sah; gesehen *(von see)*
**say** sagen
**schedule** Fahrplan
**school** Schule
**scissors** Schere
**sea** Meer
**search** suchen
**season** Jahreszeit
**seasonings** Gewürze
**second** Sekunde
**see** sehen
**seen** gesehen *(von see)*
**seems** scheint
**seldom** selten
**sell** verkaufen
**send** schicken, senden
**sense** Verstand
**sent** schickte; geschickt *(von send)*
**sentence** Satz
**shall** müssen; sollen
**she** sie (Ez.)
**sheet** Blatt
**sheets** Laken
**ship** Schiff
**shoot** schießen
**shop** Geschäft (Laden)
**short** kurz
**shot** Spritze; schoss; geschossen
**show** zeigen
**shower** Dusche

**sick** krank
**side** Seite
**sidewalk** Bürgersteig
**sign** unterschreiben
**silk** Seide
**silver** Silber
**similar** ähnlich
**simple** einfach
**simply** einfach
**since** seit
**sing** singen
**single** ledig
**sister** Schwester
**sit** sitzen
**sit down** scih setzen
**size** Größe
**skies** Skier
**skinny** dünn
**sleep** schlafen
**sleeping bag** Schlafsack
**sleeveless** ärmellos
**slept** schlief; geschlafen *(von sleep)*
**slow** langsam
**small** klein
**smart** klug
**smell** Geruch; riechen
**smile** lächeln
**smoke** rauchen
**so** so
**soap** Seife
**soccer** Fußball
**society** Gesellschaft
**sold** verkaufte; verkauft *(von sell)*
**some** ein bisschen; einige; etwas
**somebody** jemand
**someone** jemand
**something** etwas
**sometimes** manchmal
**son** Sohn
**song** Lied

**soon** bald
**soup** Suppe
**south** Süden
**spare part** Ersatzteil
**speak** sprechen
**speed limit** Geschwindigkeitsbegrenzung
**spell** buchstabieren
**spice** Gewürz
**spicy** scharf
**spoke** sprach *(von speak)*
**spoken** gesprochen *(von speak)*
**spoon** Löffel
**sports** Sport
**spring** Frühling
**square** Platz
**stain** Fleck
**stairs** Treppe
**stamp** Briefmarke
**stand** stehen
**start** abfahren
**stay** Aufenthalt; bleiben
**steep** steil
**still** noch
**stone** Stein
**stood** stand; gestanden *(von stand)*
**stop** anhalten; aufhören; halten
**store** Geschäft
**story** Geschichte
**straight** direkt
**straight ahead** geradeaus
**strange** fremd
**street** Straße
**streetcar** Straßenbahn
**strong** hart; stark
**student** Student
**stupid** dumm
**style** Stil
**subway** U-Bahn
**success** Erfolg
**suddenly** plötzlich

**suitcase** Koffer
**sum** Summe
**summer** Sommer
**sun** Sonne
**sure** sicher
**surely** sicher
**surroundings** Umgebung
**swam** schwamm *(von swim)*
**sweat** schwitzen
**sweet** süß
**swim** schwimmen
**Swiss** Schweizer(in)
**Switzerland** Schweiz
**swum** geschwommen *(von swim)*

## T

**take** dauern; nehmen
**taken** genommen *(von take)*
**take pictures** fotografieren
**take-off** abfliegen
**talk** reden
**tall** groß; hoch
**taste** kosten
**tasty** schmackhaft
**tax** Zoll
**taxi** Taxi
**teach** unterrichten
**techer** Lehrer(in)
**teens** Jugendliche
**telegramm** Telegramm
**television** Fernsehgerät
**tell** erzählen
**tent** Zelt
**term** Begriff
**than** als; wenn
**thank** danken
**thanks** danke
**that** dass; jener
**the** der; die; das
**the day after tomorrow** übermorgen

**the day before yesterday** vorgestern
**theater** Theater
**their** ihr/e
**themselves** selbst
**then** dann
**there** da; dort
**therefore** darum; deshalb
**these** diese(r,s)
**they** sie (Mz.)
**thick** dick
**thin** dünn
**thing** Ding; Sache
**think** denken
**thirsty** durstig
**this** dies
**this kind of** solch(e,er,es)
**this type of** solch(e,er,es)
**thread** Faden
**through** durch (hindurch)
**throw up** übergeben, sich
**thru** durch (hindurch)
**ticket** Fahrkarte; Flugticket
**ticket fee** Fahrpreis
**time** Zeit
**tiny** winzig
**tip** Trinkgeld
**tire** Reifen
**tired** müde
**to** damit; nach
**tobacco** Tabak
**today** heute
**together** zusammen
**toilet** Toilette
**toilet paper** Toilettenpapier
**told** erzählt(e); *(von tell)*
**tomorrow** morgen
**too** auch; zu (sehr)
**took** nahm *(von take)*
**too much** zuviel
**toothpaste** Zahnpasta
**tought** lehrte; gelehrt *(von teach)*

**tow a car** abschleppen
**tower** Turm
**town** Stadt
**toys** Spielzeug
**trade** Handel
**tradition** Tradition
**train** Eisenbahn; Straßenbahn; Zug
**train station** Bahnhof
**transfer** Überweisung
**translate** übersetzen
**translator** Dolmetscher; Übersetzer
**trash** Müll
**trash can** Mülleimer
**travel** reisen
**travel agent** Reisebüro
**treat** behandeln (Krankh.)
**tree** Baum
**trip** Reise
**truck** LKW
**true** wahr
**trunk** Kofferraum
**try** kosten; versuchen
**TV** Fernsehgerät

## U

**ugly** hässlich
**umbrella** Regenschirm
**uncle** Onkel
**unconcious** bewusstlos
**under** unter
**understand** verstehen
**undress** ausziehen
**unfamiliar** unbekannt
**university** Universität
**unknown** unbekannt
**until** bis
**up** oben
**upstairs** oben
**urgent** dringend
**useful** nützlich

## V

**vacancy** Zimmer, frei
**vacation** Ferien; Urlaub
**vacuum cleaner** Staubsauger
**valid** gültig
**valley** Tal
**vegetables** Gemüse
**veggies** Gemüse
**vehicle** Fahrzeug; Wagen
**very** sehr
**victim** Opfer
**view** Aussicht
**village** Dorf
**visit** besichtigen; besuchen
**visitor** Besuch
**voice** Stimme

## W

**wage** Lohn, Gehalt
**wait** warten
**wake up** aufwachen; wecken
**walk** gehen; laufen
**wall** Wand
**want** wollen
**warm** herzlich; warm
**warning** Warnung
**was** (er, sie, es) war *(von be)*
**wash** waschen
**watch** Uhr
**water** Wasser
**way** Weg
**we** wir
**weak** schwach
**weather** Wetter
**wedding** Hochzeit
**week** Woche
**weight** Gewicht
**well** gut
**went** ging *(von go)*
**were** (wir, ihr sie) waren *(von be)*

**west** Westen
**wet** nass
**what** was
**when** als; wann
**where** wo
**where from** woher
**where to** wohin
**which** welcher
**while** während
**who** wer
**whole** ganz
**whose** wessen
**why** warum
**wide** breit; weit
**wife** Ehefrau
**wild** wild
**will** werden
**wind** Wind
**window** Fenster
**windshield** Windschutzscheibe
**windshield (car)** Fensterscheibe (Auto)
**winter** Winter
**wire** Telegramm
**wish** wünschen
**with** mit
**without** ohne
**woke** weckte *(von wake)*
**woken** geweckt *(von wake)*
**woman** Frau
**wood** Holz
**word** Wort
**wore** trug *(von wear)*
**work** arbeiten
**worker** Arbeiter(in)
**worn** getragen *(von wear)*
**would** würde *(von will)*
**wound** Wunde
**wrench** Schraubenschlüssel
**write** schreiben
**written** geschrieben *(von write)*

**wrong** falsch
**wrote** schrieb *(von write)*

## Y

**year** Jahr
**yell** rufen; schreien
**yes** ja
**yesterday** gestern
**yet** noch
**you** du; man; Sie
**young** jung
**your** dein/e; euer/e
**yourself** selbst
**yummy** schmackhaft

## Z

**zip code** Postleitzahl

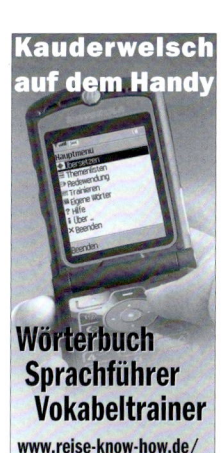

## Die Autorin

**E**lfi H. M. Gilissen, geb. 1969, lebt in Enschede, Niederlande und arbeitet als Redakteurin. Die gebürtige Niederländerin, die in Deutschland aufwuchs, verliebte sich bereits als 11-Jährige in Amerika, als sie mit ihren Eltern einmal kreuz und quer durch die USA reiste. Von da an war Amerika der große Traum. Mit 15 Jahren ging es dann für ein High-School-Jahr nach Windsor, Connecticut und seither war der amerikanische Akzent nicht mehr wegzubekommen. Aber es gab noch mehr Träume für die Vielreisende! Sie studierte Chinesisch und Indonesisch an der Rheinischen-Friedrich-Wilhelms-Universität, Bonn, und verbrachte ein Jahr in Chengdu, China. So oft es ging, reiste sie nach China und Tibet, um Ihrem Hobby der Minderheitenforschung nachzugehen. Seitdem sie ihren australischen Lebensgefährten in 2000 traf, reist sie jedoch immer wieder nach Australien und schreibt vor allem Bücher zum Thema Australien. Von der Autorin sind auch der Reiseführer „Sydney und seine Nationalparks" und weitere Kauderwelsch-Bände im Reise Know-How Verlag erschienen.

Englisch für Australien
ISBN: 3-89416-557-X

Flämisch
ISBN: 3-89416-775-0

Niederländisch Slang
ISBN: 3-89416-461-1